MW01708935

Alice et les quatre mariages

Caroline Quine

Alice et les quatre mariages

Traduit de l'américain par Sandrine Couprie

Illustrations de Philippe Daure

HACHETTE
Jeunesse

SÉRIE *ALICE* DANS LA BIBLIOTHÈQUE VERTE

Alice et la soucoupe volante
Alice et le mauvais présage
Alice et le secret du parchemin
Alice et les trois clefs
Alice et la poupée indienne
Alice en Écosse
Alice et les plumes de paon
Alice et la diligence
Alice écuyère
Alice et le cheval volé
Alice et la statue qui parle
Alice au bal masqué
Alice chez les stars
Alice et la mémoire perdue
Alice et le valet de pique
Alice et le pickpocket
Alice et la malle mystérieuse
Alice et le fantôme de la crique
Alice au canyon des brumes
Alice et le secret de la vieille dentelle
Alice et les quatre tableaux
Alice et le tigre de jade
Alice millionnaire
Alice au manoir hanté
Alice en Arizona
Alice et les félins
Alice et la pantoufle d'hermine
Alice et les collectionneurs
Alice et le mystère du lac Tahoé
Alice et la tanière des ours
Alice et la gazelle verte
Alice et le carnet vert
Alice à Venise
Alice et les quatre mariages

L'édition originale de ce roman
a paru en langue anglaise
chez Pocket Books (Simon & Schuster), New York,
sous le titre :
THE WEDDING DAY MYSTERY

Hachette Livre, 43, quai de Grenelle, 75015 Paris

1

Quatre mariages en un week-end

Bess Taylor drapa une voilette de dentelle autour de sa longue chevelure blonde et se mira dans son poudrier.

« Qu'en pensez-vous ? Je ferais une jolie mariée, non ? »

En compagnie de sa cousine Marion Webb et de leur amie Alice Roy, la jeune fille se rendait à un mariage. Assise à la place du passager, Marion se retourna pour regarder Bess.

« Ravissante, apprécia-t-elle. Mais cette voilette jure un peu avec ta robe mauve. »

Alice, au volant de sa Mustang, jeta un œil dans le rétroviseur.

« Marion a raison, confirma-t-elle. Il te faudrait soit une robe de dentelle, soit une voilette mauve.

— Un voile mauve ! Ça, c'est une idée ! » s'exclama Bess.

Elle tenta de détacher le fin tissu posé sur ses cheveux, mais l'une de ses boucles d'oreilles s'y accrocha.

« Hé ! Que se passe-t-il ? maugréa-t-elle en tiraillant la dentelle.

— Doucement, Bess, l'avertit Marion. S'il arrivait quelque chose à cette voilette, Mandy te maudirait... et la mariée aussi ! »

Mandy Applebaum, pour qui Bess travaillait, dirigeait *Noces et Bouquets*, une petite entreprise spécialisée dans l'organisation de mariages. Elle se chargeait de tous les détails des réceptions, du choix du lieu aux fleurs, en passant par les vêtements des mariés, les invitations, le traiteur, les photos et la musique.

Ce week-end, quatre mariages étaient prévus ; tous se dérouleraient à River House, un manoir victorien situé aux environs de River City. Pour soulager un peu sa patronne, Bess lui avait suggéré d'embaucher Marion et Alice comme extra ; Mandy ayant accepté la proposition, les trois amies étaient en route pour la belle demeure, afin de procéder aux préparatifs de la première cérémonie.

Bess parvint finalement à dégager la précieuse voilette et la replaça délicatement dans son écrin de velours. Sur la demande de Mandy, elle venait d'en prendre livraison chez la retoucheuse, qui avait réparé quelques accrocs mineurs.

« Ni vu, ni connu ! annonça-t-elle en réarrangeant ses cheveux. Ralentis, Alice ! Voici la bifurcation vers River House. »

La jeune conductrice actionna le clignotant et s'engagea sur l'étroit chemin de terre. Sur les côtés, des buissons de lilas étalaient leurs fleurs épanouies et, au-delà, s'étendaient de riches prairies auxquelles la lumière rasante de la fin d'après-midi donnait des reflets mordorés. Quelques vieilles fermes posées çà et là ajoutaient la touche finale à ce beau paysage champêtre.

« Dire que nous ne sommes qu'à quinze minutes du centre-ville ! s'étonna la jeune fille. C'est déjà la campagne…

— Attends d'avoir vu le manoir, répliqua Bess avec enthousiasme. C'est sublime ! Il y a de gigantesques chandeliers partout, et une salle de bal absolument grandiose.

— C'est là que se tiendra la réception de ce soir ? demanda Marion.

— Exactement. Et celle de demain soir aussi. Les deux autres se dérouleront en plein air. »

Elle secoua la tête d'un air découragé.

« Je sens que ce week-end va être épuisant. Je travaille pour Mandy depuis le mois d'avril, mais nous n'avons jamais eu quatre mariages d'affilée...

— Nous sommes en juin, fit remarquer Alice. C'est traditionnellement le mois des mariages.

— Moi, intervint Marion avec bonne humeur, l'idée d'un week-end marathon ne me déplaît pas. Même si j'ai dû renoncer à courir le vrai marathon qui a lieu dimanche... »

Sa cousine frémit d'horreur.

« Un marathon... Tu parles bien de ce supplice qui dure sur quarante-deux kilomètres et des poussières ? Je n'arrive pas à croire que des gens puissent faire cela par plaisir... »

Alice ne put s'empêcher de sourire. Bien que cousines, ses deux amies étaient aussi différentes que l'eau et le feu. Physiquement, d'abord, tout les opposait : Marion était une grande brune, très mince, aux yeux marron, tandis que Bess était une petite blonde avec des yeux bleus. De même, leurs personnalités étaient radicalement opposées : pour se détendre, l'une ne jurait que par l'alpinisme et le camping sauvage ; l'autre, en revanche, préférait lécher les vitrines et lire des revues de mode.

« Au fait, voulut savoir Marion, quel genre de travail Mandy va-t-elle nous confier ?

— Oh, un peu de tout…, expliqua Bess. Il faudra aider la mariée et ses demoiselles d'honneur à se préparer, dresser les tables, éplucher des légumes pour décharger le traiteur, servir les petits fours… Et des tas de choses encore ! »

Elle adressa un sourire rayonnant à Marion, avant d'ajouter :

« C'est tout un cirque, mais on s'y habitue très vite, tu verras. Et c'est vraiment très agréable de travailler avec Mandy, même si elle se montre très pointilleuse sur tous les détails. »

Cinq minutes plus tard, la Mustang franchissait la grille de River House. Bess n'avait rien exagéré. Dans son écrin de verdure, la belle demeure resplendissait comme un bijou précieux. Un escalier monumental ornait sa façade de pierre, flanquée de deux tours imposantes. Avec ses vitraux et ses arcades, le manoir rappela à Alice un château du Moyen Âge.

« Il y a aussi un magnifique jardin avec des allées sinueuses, derrière, commenta Bess. Et puis une mare avec des canards, un grand bois et un joli kiosque à musique. C'est là que se tiendra le mariage numéro 2... »

Elle s'interrompit et fronça les sourcils.

« À moins que ce ne soit le numéro 4... »

Quand Alice eut garé son véhicule sur le parking, les trois jeunes filles gravirent les marches menant à la porte à double battant, qu'elles trouvèrent ouverte. L'intérieur leur parut aussi somptueux que l'extérieur. Dans l'entrée, un gigantesque chandelier en fer forgé diffusait une lumière tamisée et un large escalier en hélice grimpait jusqu'à l'étage. Sur les murs, Alice remarqua les portraits d'un vieil homme aux cheveux gris et aux petites lunettes cerclées de métal, et d'une femme aux cheveux blancs et aux yeux bleus délavés.

« Ce sont Joseph et Jeanine Merrill,

annonça Bess, qui avait suivi le regard de son amie. Les anciens propriétaires des lieux. »

À cet instant, une jeune femme élancée vêtue d'un pantalon et d'une veste en lin beige dégringola l'escalier quatre à quatre ; âgée d'une trentaine d'années, elle avait des cheveux bruns coupés court et de grandes prunelles sombres.

Ce ne fut qu'en atteignant la dernière marche qu'elle remarqua la présence des trois amies. Elle s'arrêta alors brusquement et les dévisagea.

« Oh ! vous êtes arrivées… Formidable ! Bess, je vois que tu as récupéré le voile, c'est parfait. »

Se tournant vers Marion et Alice, la jeune femme leur tendit la main.

« Vous devez être Marion Webb et Alice Roy… Enchantée. Mon nom est Mandy Applebaum. »

Alice serra chaleureusement la main tendue.

« Très heureuse de vous rencontrer. Les préparatifs avancent-ils comme vous le souhaitez ?

— Le fleuriste a livré un bouquet de moins que prévu et je n'arrive pas à le joindre par téléphone, répondit Mandy dans un souffle. Il va falloir défaire tous les autres bouquets afin d'en créer un de plus. En outre, la mariée et ses demoiselles d'honneur ont besoin d'aide pour s'habiller... Oh ! j'allais oublier ! Il reste aussi à garnir la chapelle d'une centaine de cierges.

— Une centaine ! s'esclaffa Marion. Pourquoi un si grand nombre ?

— Parce qu'il va s'agir d'un mariage de style victorien, authentique jusque dans le moindre détail, expliqua Mandy. Ce qui implique une cérémonie éclairée par des cierges, des costumes d'époque, un repas à l'ancienne, et tout le reste.

— Comme ça semble romantique..., soupira Bess.

— Il me semble surtout que nous avons beaucoup de travail, rétorqua Alice. Mandy, par quoi voulez-vous que nous commencions ?

— Que diriez-vous de faire la connaissance de la mariée et de ses demoiselles d'honneur ? Une fois que nous saurons ce qu'elles attendent de nous, nous pourrons organiser notre planning. »

Toutes les quatre montèrent à l'étage ; là, Mandy s'arrêta devant une porte et frappa.

« Cette pièce s'appelle la chambre d'Or, indiqua-t-elle aux trois jeunes filles. C'est ici que s'habillent toutes les mariées. »

Puis elle haussa le ton :

« Libby ? C'est moi, Mandy.

— Mandy, à l'aide ! » hurla une voix de l'autre côté de la porte.

Interloquée, Mandy fit pivoter la poignée et se précipita dans la pièce, suivie d'Alice et de ses amies. Là, elles découvrirent deux jeunes femmes de vingt-cinq ans environ, assises sur un canapé tapissé de brocart. La première portait une robe longue rose pâle ; la seconde, une délicate blonde, arborait une robe de mariée couleur ivoire en mousseline et dentelle. Alice admira les beaux meubles anciens qui ornaient la pièce, ainsi que l'harmonie des tentures, des draperies et des tapis, tous dans les mêmes teintes mordorées.

Apercevant Mandy, la jeune mariée bondit.

« Regardez un peu ça... C'est une catastrophe ! »

Du doigt, elle montra une traînée rouge vif sur le devant de sa robe.

« Du rouge à lèvres ! se lamenta-t-elle. J'ai réussi à faire une tache de *rouge à lèvres* sur la robe de mon arrière-grand-mère ! Que vais-je devenir ? »

Mandy posa une main réconfortante sur l'épaule de la jeune femme.

« Calmez-vous, Libby. Je garde toujours une trousse de secours pour les urgences et je possède justement un remède miracle pour les taches de rouge. »

Le visage de la jeune mariée s'illumina instantanément.

« C'est… c'est vrai ?

— Juré. De l'eau gazeuse et du talc. Ça marche à tous les coups. Je descends vous en chercher tout de suite. »

Avant de disparaître, elle se rendit compte qu'elle n'avait pas fait les présentations.

« Au fait, Libby, voici mes assistantes : Alice Roy, Bess Marvin et Marion Webb. Les filles, je vous présente la mariée, Libby Ewing, et sa première demoiselle d'honneur, Molly Croog. Tiens, mais où sont donc les autres demoiselles d'honneur ?

— Elles sont allées chercher des boissons, répondit Molly. Dites, avez-vous réussi à dénicher un bouquet pour Emily Sherman ?

— Rassurez-vous, tout est arrangé », certifia Mandy avec assurance.

Dans le feu de l'action, Mandy n'était plus du tout la personne stressée qu'Alice avait rencontrée dans l'entrée, en arrivant. Au contraire, elle affichait devant ses clientes un calme souverain qui forçait l'admiration.

Soudain, la porte s'entrouvrit et une tête brune apparut dans l'embrasure.

« Euh… pardon, Libby… est-ce que je peux te parler une seconde ? »

La jeune mariée prit place devant la coiffeuse et huma avec délices le bouquet de roses jaunes qui lui faisait face. Puis elle entreprit de retoucher son maquillage.

« Qu'y a-t-il, Emily ? Je t'écoute. »

D'un air penaud, la demoiselle d'honneur vint se camper au milieu de la pièce, ne sachant sur qui poser son regard.

« C'est à cause de Charles, commença-t-elle d'une voix calme. Il n'est pas… enfin… il a disparu. »

« Charles est le marié », confia Bess à l'oreille de ses deux amies.

Aussitôt, Libby se retourna, blême.

« Disparu ? Qu'est-ce que tu veux dire par là ?

— Eh bien…, reprit Emily de plus en plus mal à l'aise, le témoin… Comment s'appelle-t-il, déjà ? Ah oui, Tyler… Tyler vient de téléphoner. Il devait aller chercher Charles chez lui, mais, quand il a sonné, personne n'a répondu et la porte était fermée à clé. Il a ensuite appelé d'une cabine téléphonique, et il est tombé sur un répondeur.

— Je suis certaine qu'il s'agit d'un malentendu, affirma Mandy. Charles n'est pas du genre à…

— … à poser un lapin ! » termina Libby.

Se cachant le visage dans les mains, elle éclata en sanglots et hoqueta :

« Je… je me fais poser un lapin le jour de mon… de mon mariage ! »

Molly passa un bras affectueux autour des épaules de son amie.

« Écoute-moi, Libby…

— Non ! gémit la mariée, je n'ai pas envie de t'écouter ! Partez, partez toutes ! Je veux rester seule. »

Saisissant le vase de roses jaunes, elle le projeta violemment contre le mur. Il y eut un grand fracas et des éclats de cristal, mêlés de pétales de fleurs, se répandirent sur le sol.

Comprenant que Libby ne plaisantait pas, toute l'assemblée se hâta de battre en retraite. La porte claqua dans leur dos et

Alice reconnut le bruit d'un verrou que l'on pousse.

« Excusez-la, elle n'est pas dans son état normal, avança Molly. Ce mariage compte tellement pour elle... Charles et Libby se connaissent depuis sept ans, aussi attend-elle ce jour depuis longtemps. Et elle exige que tout soit absolument parfait...

— Je comprends, acquiesça Mandy avec compassion. Molly et Emily, je vous propose de descendre passer quelques coups de fil ; nous finirons bien par retrouver la piste du marié. »

Puis l'organisatrice se tourna vers ses trois employées.

« Pendant ce temps-là, vous vous occuperez du bouquet manquant. Bess, toutes les fleurs ont été déposées dans la chambre Bleue, vous vous rappelez ?

— Vous pouvez compter sur nous », assura la jeune fille.

Les trois amies longèrent le couloir jusqu'à la pièce indiquée ; en y pénétrant, elles furent accueillies par une soufflerie d'air conditionné et un entêtant parfum de fleurs. Le plancher était couvert de cartons et de vases contenant des roses blanches, des branches de jasmin et des boutons de fleurs d'oranger.

Bess attrapa un rouleau de fil de fer et trois pinces coupantes sur la commode, puis désigna du doigt trois petits bouquets posés dans une grande boîte blanche.

« Défaisons-en chacune un », proposa-t-elle.

Toutes trois se mirent au travail avec application.

« Cette pauvre Libby..., soupira Alice. Il ne lui arrive que des pépins. D'abord le fleuriste oublie un bouquet, ensuite sa robe est tachée de rouge à lèvres... et maintenant, son fiancé s'est volatilisé ! »

Bess extirpa une branche de fleurs d'oranger d'un des bouquets.

« Oui, il y a de quoi être perturbée, approuva Bess. Peut-être l'une de nous devrait-elle aller frapper à sa porte ? Ou bien... ? »

Mais elle ne put terminer sa phrase, car un cri perçant, angoissant, retentit à l'autre bout du couloir.

2

Un visiteur fantomatique

« C'est la voix de Libby ! » s'écria Alice.

Elle bondit de sa chaise, aussitôt imitée par Marion et Bess. Un second cri, plus lugubre encore, les fit frémir. Cette fois, aucun doute : l'appel provenait bel et bien de la chambre de Libby.

Après une course effrénée dans le couloir, elles arrivèrent devant la porte de la chambre d'Or. Alice tenta d'actionner la poignée, mais celle-ci resta bloquée.

« Libby ! appela-t-elle d'une voix forte. Ouvrez ! C'est moi, Alice Roy… »

Aucune réponse.

« Tu crois qu'elle est blessée ? chuchota Bess nerveusement.

— Je n'en sais rien, répondit Alice. Pourrais-tu aller chercher Mandy, pour lui demander si elle a une clé ? Ou plutôt non… j'ai une meilleure idée. »

Dans sa poche, elle trouva une épingle à cheveux. À l'aide de cet outil de fortune, elle essaya de faire jouer la serrure.

Il ne lui fallut que quelques secondes pour parvenir à ses fins ; immédiatement, les trois jeunes filles s'engouffrèrent dans la pièce.

Libby se tenait debout, pétrifiée, devant la porte de la penderie. Son visage exprimait la terreur, comme si elle venait de subir un choc violent.

Alice courut jusqu'à elle et toucha doucement son bras.

« Libby… que s'est-il passé ? Nous vous avons entendue crier.

— Un… un fantôme…, balbutia la jeune femme en tendant un doigt tremblant vers la penderie. Je… j'ai vu passer un fantôme… Il avait une tête de mort et une grande cape en velours noir… »

Bess étouffa un petit cri effarouché.

« Un fantôme, un vrai ? Vous croyez qu'il est encore là ? »

Alice et Marion échangèrent un bref regard complice ; Libby aurait-elle été victime d'une hallucination, provoquée par les émotions qui avaient précédé ? Ou alors quelqu'un s'était-il amusé à lui jouer un mauvais tour ?

Approchant de la penderie, la jeune détective y colla son oreille. Ne percevant aucun son, elle tira la porte. Aussitôt, Libby recula de trois pas.

« Qu'est-ce qui vous prend ? Vous n'avez pas compris ? Il y a un fantôme caché à l'intérieur ! »

Alice avança la tête pour inspecter le réduit.

« Il n'y a personne, je vous l'affirme. Quelques robes sur des cintres, un point c'est tout. »

Repoussant les vêtements sur le côté, elle pénétra dans la penderie et promena son regard tout autour d'elle. La pièce, tapissée de lattes de cèdre, semblait avoir été nettoyée récemment : aucune poussière n'y était visible.

Intriguée, Alice fit courir ses doigts sur les

panneaux de bois. Puis elle les tapota légèrement, l'oreille aux aguets. Chaque latte produisait le même son mat ; mais, en atteignant le fond de la penderie, elle frappa sur un panneau qui résonna différemment, comme s'il y avait un creux derrière.

« Victoire ! » s'exclama-t-elle, tout excitée par sa découverte.

Elle s'agenouilla et passa la main sur la latte, cherchant à la faire glisser d'un côté ou de l'autre. Comme cette manœuvre restait sans effet, elle renouvela son geste avec une plus forte pression ; cette fois, le bois céda, révélant un espace dérobé.

Se penchant en avant, Alice distingua un passage plongé dans l'obscurité.

« Je m'en doutais… », murmura-t-elle.

En fouillant dans son sac, elle trouva ce qu'elle cherchait : la lampe torche miniature dont elle ne se séparait jamais. Elle dirigea le faisceau vers la cavité et constata que l'ouverture était à peine assez large pour laisser passer une personne.

« J'ai trouvé un passage secret ! annonça-t-elle à ses compagnes. Il faut que j'aille l'explorer… Vous autres, ne bougez pas de cette pièce, d'accord ? »

La tête de Bess apparut dans l'encadrement de la porte.

« Fais attention à toi, Alice. Ce fantôme est peut-être dangereux...

— Ne t'inquiète pas, je serai prudente », la rassura son amie avec un sourire.

Repoussant ses cheveux blond vénitien derrière ses épaules, la jeune détective se mit à quatre pattes pour pouvoir avancer dans le couloir exigu. Malgré sa vigilance, Alice ne découvrit pas la moindre empreinte ni le moindre indice.

Après trois mètres environ, le tunnel fit un coude vers la droite ; poursuivant sa difficile progression, la jeune fille finit par arriver dans un espace moins confiné, où elle put se remettre debout. Elle enfila un long couloir, puis un second, avant de se retrouver face à un escalier étroit, d'apparence vétuste. À pas mesurés, elle descendit les premières marches et se heurta à un mur.

« Il y a forcément un passage ! » se dit-elle.

Braquant sa lampe torche sur le mur, elle en étudia scrupuleusement chaque parcelle, mais ne décela rien. Elle était sur le point de renoncer lorsqu'elle remarqua une rainure verticale, attestant la présence d'un panneau de contreplaqué. Par une pression de la main, elle parvint à faire coulisser le pan amovible et, soudain, une lumière vive l'aveugla.

Quand ses yeux se furent acclimatés, elle distingua une vaste pièce tapissée de rayonnages de livres et meublée de tables en chêne et de fauteuils en cuir. De toute évidence, elle venait d'atterrir dans la bibliothèque du manoir...

De toute évidence aussi, elle ne s'y trouvait pas seule. À l'autre bout de la pièce, un homme lui tournait le dos. Ses cheveux bruns étaient coupés court et il portait un smoking noir. Il sifflotait entre ses dents, absorbé par la contemplation de l'objet qu'il tenait entre ses mains.

Alice fit un pas vers lui et referma le panneau de contreplaqué — qui, de ce côté-ci, avait l'apparence d'un rayonnage semblable à tous les autres. L'homme ne bougea pas.

« Excusez-moi... », commença-t-elle.

Quand l'individu se retourna, elle fut surprise de le trouver si jeune, presque encore un adolescent. Il tenait entre ses doigts un petit vase chinois.

« Qui... qui êtes-vous ? balbutia-t-il. Et d'où sortez-vous ? »

Alice ne répondit pas. Elle aussi se posait

des questions sur l'identité de son interlocuteur. Et pourquoi s'était-il emparé de ce vase chinois, qui paraissait précieux ? Était-ce un voleur ?

Elle s'approcha de lui.

« Belle pièce, apprécia-t-elle d'un ton léger. Dynastie Ming, n'est-ce pas ?

— Oui… sans doute… J'étais justement en train de m'extasier sur cette œuvre d'art », murmura le jeune homme.

Il reposa le vase sur un guéridon, puis fixa la visiteuse de ses yeux verts qui trahissaient une certaine inquiétude.

« Mais vous n'avez pas répondu à ma question, reprit-il. Qui êtes-vous ?

— Alice Roy. Et vous-même ?

— Freddy Ewing.

— Ewing ? releva la jeune fille. Dois-je en conclure que vous êtes… ?

— Un parent de la mariée, termina le jeune homme. Je suis le cousin de Libby. Cela dit, vous n'avez sans doute jamais entendu parler de moi… J'appartiens à la branche la moins fortunée de la famille et on préfère souvent nous oublier. »

Elle remarqua une pointe d'amertume dans sa voix.

« Que faites-vous ici ? demanda-t-elle.

— J'attends le début de la grande parade », répliqua-t-il avec un sourire sarcastique.

Soudain, il fronça les sourcils ; il venait de remarquer qu'Alice portait une jupe en jean et un T-shirt.

« Et vous ? Vous n'avez pas lu le carton d'invitation ? Tenue de soirée exigée, dans le style victorien de préférence…

— Je travaille pour Mandy Applebaum, l'organisatrice des festivités », expliqua Alice.

Freddy rajusta son nœud de cravate.

« Je vois… Bon, votre compagnie ne m'ennuie pas du tout, mais je vais sortir respirer un peu d'air frais, maintenant. »

Aussitôt Alice l'arrêta en posant une main sur son épaule.

« Un instant. Pourquoi êtes-vous aussi en avance ? La cérémonie ne commence que dans un heure.

— J'ignorais que les employés avaient pour charge de harceler les invités de questions, répondit sèchement le jeune homme. Si vous voulez bien m'excuser… »

Repoussant la jeune fille, il se hâta vers la sortie.

Intriguée, Alice resta un moment immobile

à réfléchir. Freddy avait-il dit la vérité ? Était-il en réalité le fantôme aperçu par Libby dans la penderie ? Sa présence dans la bibliothèque, quelques minutes après l'incident, n'était-elle qu'une troublante coïncidence ? Et pourquoi était-il arrivé si tôt à River House ?

Quant à un mobile, Alice n'en voyait guère ; certes, le jeune homme paraissait un peu envieux de la richesse de sa cousine. Mais cette jalousie était-elle assez forte pour qu'il cherche à gâcher le mariage de Libby ?

Se souvenant que la jeune mariée avait mentionné la longue cape de velours noir portée par le spectre, Alice fouilla la pièce dans l'espoir de dénicher cette pièce à conviction. Mais après quelques minutes, bredouille, elle adopta une autre tactique.

« Je ferais mieux de remonter voir où en est Libby », se dit-elle intérieurement.

Dans le grand hall d'entrée, elle tomba nez à nez avec Mandy.

« Alice ! s'écria la jeune femme, très essoufflée. Vous arrivez à point. Libby parle d'annuler le mariage !

— Comment ? Pour quelle raison ?

— C'est à cause de cette histoire de fantôme.

Elle m'a tout raconté. La pauvre est encore complètement bouleversée par sa vision. Pour couronner le tout, son fiancé a appelé il y a cinq minutes. Il a expliqué qu'il n'avait pas entendu son réveil… c'est pourquoi il dormait si profondément quand le témoin est passé le chercher.

— N'est-ce pas une bonne nouvelle ? se réjouit Alice. Libby devrait être rassurée : Charles ne lui a pas posé de lapin, pour finir…

— Détrompez-vous, elle est furieuse contre lui, soupira Mandy. Elle n'admet pas qu'il ne se soit pas réveillé le jour même de son mariage… Pourtant, le pauvre garçon a une excuse : il travaille comme interne dans un hôpital et il n'avait pas fermé l'œil depuis quarante-huit heures.

— Mon Dieu… », murmura Alice.

Brièvement, elle relata sa découverte du passage secret.

« Je crois que quelqu'un s'est déguisé en fantôme pour faire peur à la mariée, conclut-elle. Mais qui ? Et pourquoi ? »

La jeune fille n'évoqua ni sa rencontre avec Freddy Ewing, ni les soupçons qu'elle nourrissait à son endroit. Sans preuve, elle ne voulait accuser personne.

« Il faudrait alerter Rafe, le responsable de la sécurité, estima Mandy. Son bureau se trouve à l'entresol. Ensuite, nous irons parler à Libby. »

Regardant autour d'elle, Alice fronça les sourcils.

« Où sont Bess et Marion ?

— Marion installe les cierges et les fleurs dans la chapelle ; Bess, pour sa part, nettoie les débris du vase cassé dans la chambre de Libby. »

Les deux jeunes femmes se dirigèrent vers l'escalier de service menant à l'entresol. En chemin, elles croisèrent les musiciens engagés pour la réception ainsi que le livreur qui apportait le gâteau. Après les avoir accueillis et orientés, Mandy raya deux lignes sur son carnet puis guida Alice jusqu'au bureau de la sécurité.

Sur la porte, une plaque indiquait : *Rafe Kiernan, poste de sécurité*. La pièce, plutôt exiguë, avait des murs peints dans un jaune indécis ; une ampoule nue accrochée au plafond diffusait une lumière crue. Un homme trapu, aux épaules de boxeur, était assis derrière un bureau, face au mur.

« Bonjour, Rafe », lança Mandy.

L'individu pivota sur sa chaise, révélant un regard bleu acier et une chevelure blonde coupée en brosse. À première vue, il n'avait pas trente ans.

« Salut, répondit-il. Je peux vous être utile ? »

Mandy commença par faire les présentations, puis Alice raconta au vigile l'apparition qui avait terrifié la mariée et le passage secret qu'elle avait découvert.

« Jamais entendu parler de ce tunnel », annonça Rafe lorsque Alice eut terminé son exposé.

Il se gratta la tête d'un air pensif.

« Je vais aller faire un petit tour pour voir si je peux alpaguer ce fantôme.

— Par pitié, n'allez pas importuner la mariée, intervint Mandy. Elle est un peu… comment dire ? susceptible, en ce moment, ce qui est bien compréhensible. Et n'interrogez pas non plus les invités. Ce mariage doit rester une fête pour eux.

— S'il a lieu…, estima Alice d'un air sombre. Maintenant, je crois qu'il est temps d'aller retrouver Libby. Si Charles n'est pas arrivé, je crains le pire… »

La marche nuptiale, extraite de l'opéra de Wagner *Lohengrin*, retentit majestueusement dans tous les couloirs de River House. Piquées par la curiosité, Alice, Bess et Marion allèrent jeter un œil dans la chapelle, où Libby remontait l'allée centrale vers l'autel. Dans sa robe victorienne couleur d'ivoire et son voile de dentelle, elle leur parut ravissante. Le marié, dans sa jaquette noire, avait fière allure également. La chapelle resplendissait, avec ses centaines de cierges ardents et ses bouquets de roses blanches au délicieux parfum.

« Comme je suis heureuse que Libby n'ait pas renoncé à se marier…, chuchota Bess. Je suis certaine que c'est le plaidoyer de Mandy qui l'a convaincue.

— N'oublie pas le rôle joué par notre Alice ici présente ! rétorqua sa cousine à voix basse. C'est elle qui a réussi à persuader Libby que le spectre qu'elle avait vu n'en était pas un… »

La musique solennelle cessa et le prêtre put s'exprimer :

« Mes chers frères et sœurs, nous sommes réunis aujourd'hui pour célébrer l'union de

Charles Cox Gibbons et d'Elizabeth Jenkins Ewing…

— Retournons au travail, murmura discrètement Alice à ses amies. Mandy nous a chargées de vérifier une dernière fois tous les lieux où se tiendront les convives. »

Bess referma doucement la porte de la chapelle et suivit Alice et Marion jusqu'à la salle de bal. En chemin, elles croisèrent Mandy, qui portait un encombrant carton.

« Vous voulez un coup de main ? » offrit Alice.

L'organisatrice secoua la tête.

« Ça ira, merci. Avez-vous fini d'inspecter les pièces de réception ? Si c'est le cas, j'ai une autre mission à vous confier.

— Pas encore, répondit Marion, nous allions justement commencer. Mais nous pourrions peut-être nous répartir les tâches…

— Bonne idée », approuva Mandy.

Elle remonta un peu le lourd paquet sur ses bras puis, d'un signe du menton, leur indiqua une porte à double battant.

« La salle de bal est juste là. Marion et Bess, pourriez-vous vous assurer que tout est en ordre ? Vous, Alice, si vous voulez bien me suivre, je… Oh non ! Ce n'est pas possible ! »

Devant la mine consternée de la jeune femme, Alice s'alarma à son tour :

« Que se passe-t-il, Mandy ? »

Cette dernière posa à terre son imposant chargement et, du doigt, montra un guéridon à droite de la porte.

« On avait déposé ici tous les cadeaux de mariage… Ils ont disparu ! »

3

Un voleur insaisissable

Bess en resta bouche bée.

« Disparus ? Vous voulez dire que tous les cadeaux ont été… *volés* ? »

Mandy s'approcha du guéridon et passa la main dessus, comme pour s'assurer qu'elle ne rêvait pas.

« Au moins vingt ou trente paquets étaient posés là… Ils s'y trouvaient encore il y a quelques minutes. Dès qu'un invité arrivait, je lui suggérais de déposer son présent sur cette table. Je ne comprends pas ce qui a pu se produire ! »

Constatant que le hall d'entrée était vide, Alice courut jusqu'à la salle de bal. Au fond de la vaste pièce, elle aperçut un individu à la tignasse brune qui s'éclipsait derrière une porte. Sur son épaule, il portait une taie d'oreiller anormalement rebondie.

« Stop ! » hurla-t-elle en s'élançant à sa poursuite.

En atteignant la porte par laquelle l'homme s'était enfui, elle remarqua un escalier menant au premier étage ; levant la tête, elle reconnut le fugitif, déjà presque tout en haut des marches.

Prenant ses jambes à son cou, elle gravit l'escalier quatre à quatre. Entendant qu'il était poursuivi, l'individu projeta la taie vers Alice, qui la reçut en plein sur le crâne.

Assommée par le choc, la jeune fille chancela, roula jusqu'à terre et atterrit sur le dos, les quatre fers en l'air. Il lui fallut plusieurs secondes pour recouvrer ses esprits et, toute commotionnée, elle gémit faiblement en frottant sa tête et ses hanches endolories.

Avec d'infinies précautions, elle tenta vainement de se mettre debout ; apparemment, elle ne s'était rien cassé… elle en serait quitte pour quelques bleus, voire une écorchure ou deux. Promenant son regard alentour, elle remarqua des paquets-cadeaux dispersés çà et là — mais du voleur, pas la moindre trace...

Bess, Marion et Mandy surgirent brusquement à côté d'elle. La voyant à terre, Bess s'agenouilla et posa sur elle des yeux bleus pleins d'inquiétude.

« Alice ! Tu es blessée ? Raconte vite ce qui t'est arrivé... »

Agrippant le bras de son amie, la jeune détective parvint à se relever. À part un léger vertige, elle se sentait plutôt d'attaque.

« Il n'y a pas une seconde à perdre, annonça-t-elle d'un ton pressant. Bess, Marion, suivez-moi. Le voleur se cache quelque part à l'étage. Mandy, vous resterez ici pour surveiller les cadeaux. »

Devançant toute protestation, Alice s'élança une nouvelle fois à l'assaut des marches. Bess et Marion se consultèrent du regard, interloquées, puis emboîtèrent le pas à leur amie.

À l'étage, les trois complices fouillèrent toutes les pièces de fond en comble. Toutes les chambres, comme la Bleue et la Dorée qu'elles connaissaient déjà, avaient une couleur attitrée et étaient meublées avec raffinement, dans le style victorien.

« Décris-nous un peu le voleur, demanda

Marion à son amie, tandis qu'elles inspectaient la chambre Verte.

— Brun, plutôt mince… Il me semble qu'il portait un smoking noir. À part ça, je n'ai pas vraiment eu le temps de l'observer dans les détails. »

Après avoir passé tout l'étage au peigne fin, les jeunes filles redescendirent au rez-de-chaussée. Bien qu'Alice eût acquis la conviction que l'homme avait quitté les lieux de son forfait, elle fouilla avec la même ardeur que ses amies toutes les pièces du bas, pour ne rien laisser au hasard.

Lorsqu'elles arrivèrent devant la chapelle, Alice entrouvrit délicatement la porte pour jeter un œil à l'intérieur. Libby, Charles et leurs témoins se tenaient toujours devant l'autel ; toutefois, la cérémonie touchait à sa fin, car le prêtre donnait maintenant sa bénédiction :

« Charles et Libby… vous voici maintenant unis par les liens sacrés du mariage. Que Dieu vous aide à préserver la force de votre amour. Que la fidélité et la patience soient vos guides, dans la joie comme dans la douleur. Que votre foyer soit un lieu d'accueil et de paix… »

Le regard d'Alice se déplaça de l'officiant vers le cousin de Libby, Freddy, assis seul au dernier rang. « Étrange…, songea-t-elle. Pourquoi ne se trouvait-il pas avec les autres membres de sa famille ? » Soudain, un détail la frappa : comme le fantôme, Freddy avait des cheveux bruns — et il portait un smoking…

Bess tira son amie par la manche.

« Mandy nous attend…, murmura-t-elle.

— Tu as raison, acquiesça Alice. Notre absence doit lui paraître bien longue. »

Les trois amies s'éclipsèrent à pas de loup ; elles trouvèrent l'organisatrice dans le foyer, occupée à disposer les cadeaux sur le guéridon.

« Avez-vous démasqué le voleur ? demanda Mandy en les apercevant.

— Désolée, mais il avait pris trop d'avance », s'excusa Alice.

Mandy soupira.

« Je n'arrive pas à saisir ce qui se passe… D'abord un fantôme, ensuite un voleur… À croire que ce mariage est maudit !

— Pour moi, il s'agit plutôt d'une tentative de sabotage, répondit Alice. J'ai l'intuition que le fantôme et le voleur ne sont qu'une seule et même personne. »

« Peut-être Freddy Ewing, ajouta-t-elle mentalement. Ou peut-être quelqu'un de tout à fait différent… »

Malgré son inquiétude, Mandy n'oubliait pas son devoir.

« Il faudra éclaircir ce mystère mais, malheureusement, nous n'avons pas le temps tout de suite. La réception doit débuter dans une quinzaine de minutes et il reste encore un million de choses à faire. Je regrette, mais notre fantôme et notre voleur vont devoir attendre…

— Je comprends, approuva Alice. Dites-nous en quoi nous pouvons nous rendre utiles.

— Pour commencer, il y a les canapés…

— Miam ! commenta Bess, alléchée par cette idée. Qu'y a-t-il au menu ? »

Marion leva les yeux au ciel.

« Il ne s'agit pas de se mettre à table, Bess, mais de préparer le repas des invités ! Allons… où se trouve la cuisine ? »

« Les sandwichs au concombre, sur les plateaux en argent. Les canapés aux crevettes, sur les grandes assiettes aux motifs de roses… À moins que… non. Il vaut peut-être mieux les déposer sur les plats en porcelaine de Limoges. Qu'en pensez-vous, les filles ? »

Daphné Applebaum, la cadette de Mandy, était à la tête d'un tout nouveau service de traiteur à domicile appelé Mets de gourmets. Sa sœur l'avait chargée de préparer la nourriture pour les quatre mariages.

Tout en coupant les concombres en rondelles, Alice observait du coin de l'œil les faits et gestes de Daphné. La différence entre les deux sœurs était frappante. Physiquement, d'abord : Daphné était une petite brune dont les boucles exubérantes retombaient en cascade sur les épaules. Contrairement à Mandy, vive et énergique, elle se conduisait avec un flegme et une insouciance presque caricaturaux. Elle était supposée offrir un festin à cent cinquante personnes, mais n'était pas plus affolée que si elle avait eu à cuire des pâtes pour une bande d'amis !

« Comme ce doit être amusant, le métier de traiteur ! estima Bess, tout en disposant les canapés aux crevettes sur les assiettes en porcelaine. Préparer tous ces petits plats délicieux, et puis assister à des mariages et à toutes sortes de fêtes…

— Ça, c'est le bon côté de la profession,

reconnut Daphné. Mais il y a des aspects moins plaisants : on travaille dur et on est constamment sous pression. Pour dire la vérité, je regrette mon ancien poste.

— Dans quelle branche étiez-vous ? voulut savoir Marion.

— La menuiserie-charpenterie, répliqua la jeune femme avec un large sourire. Et encore avant, j'ai exercé un certain nombre d'autres métiers : serveuse, chanteuse, mécanicienne, peintre, opératrice de saisie, jardinière… Je dois en oublier… Ah oui ! j'ai aussi travaillé dans une pouponnière pour chiens et chats.

— Vraiment, vous avez fait tout ça ? » s'étonna Bess.

À cet instant, Mandy entra en coup de vent dans la cuisine.

« Daphné ! Il n'y a plus une goutte de punch sur le buffet ! Les invités sont tous en train de féliciter les familles des mariés et, d'ici cinq minutes, ils vont se ruer dans la salle de bal.

— Ah !… le punch, acquiesça sa sœur en désignant le grand saladier en cristal dans lequel elle avait préparé le cocktail. Alice et Marion, pourriez-vous transporter ce récipient jusqu'à la salle de bal ? Et tâchez de trouver quelques fleurs ou une décoration quelconque pour garnir la base. Merci, vous êtes des amours… »

Elle adressa un petit salut militaire à Mandy.

« Autre chose, chef ?

— Daphné ! s'exclama son aînée. Ce n'est pas parce que tu es ma sœur que tu peux t'autoriser ce genre de… »

S'avisant qu'elles n'étaient pas seules, elle s'interrompit brutalement.

« Le moment est mal choisi pour une dispute. Nous avons encore du pain sur la planche. »

Stupéfaites, Alice et Marion échangèrent un regard, puis se saisirent du lourd saladier de punch. Du couloir, elles entendirent encore Mandy réprimander sa cadette à propos de ses cheveux, qu'elle n'avait pas noués.

« Je te l'ai pourtant répété des dizaines de fois : quand on travaille dans une cuisine, on attache ses cheveux. C'est le B.A.-BA de l'hygiène !

— Est-ce que je me fais des idées… ou bien une certaine tension règne entre les deux sœurs ? interrogea Marion à mi-voix.

— J'ai l'impression que tu es dans le vrai, répliqua Alice sur le même ton de confidence. Et je serais curieuse de connaître le motif de leur querelle. »

Quand elles eurent déposé leur chargement sur le buffet, Alice put observer à loisir la magnifique salle de bal. Tout à l'heure, en pourchassant le voleur, elle n'avait guère eu l'occasion d'admirer le décor. C'était une pièce aux dimensions imposantes, avec une mezzanine à colonnades qui courait tout autour. Les chandeliers en argent, les grandes fenêtres garnies de rideaux en velours grenat et les fresques à l'antique représentant des divinités accentuaient encore la majesté du lieu. Des dizaines de tables avaient été dressées, avec des nappes blanches, des couverts anciens, des bougies et des bouquets de lis et de roses.

« Daphné nous a demandé de disposer des fleurs autour de la base du saladier, rappela Alice à son amie. Mais elle ne nous a pas dit où nous les trouverions…

— Il me semble qu'il en restait quelques-unes dans la chambre Bleue, indiqua Marion. Si tu veux, je peux aller les chercher tout de suite. »

La jeune fille détala sans attendre et Alice

regagna la cuisine, où Mandy, Daphné et Bess mettaient la dernière touche aux hors-d'œuvre. Un détail la frappa immédiatement : Daphné avait rassemblé ses cheveux en une queue de cheval…

« Nous parlions justement du fantôme et du voleur, annonça Mandy.

— Cette histoire est passionnante ! s'écria Daphné, les yeux pétillants. Enfin, un peu d'imprévu. Les mariages sont si convenus, si bien organisés, d'ordinaire… »

Comme sa sœur fronçait les sourcils, elle lui lança d'un large sourire espiègle :

« Allons, je plaisantais… On ne peut pas être sérieux tout le temps, quand même ! »

Mandy ouvrit la bouche pour répliquer, mais se ravisa et se tourna vers Alice.

« Au fait, ça me revient… Vous êtes détective, non ?

— Oh… j'ai résolu deux ou trois énigmes, rétorqua modestement l'interpellée.

— Deux ou trois ? releva Bess, médusée. Tu en as de bonnes, toi ! En réalité, Alice a mené des dizaines d'enquêtes, toujours avec succès. Et je suis sûre qu'elle résoudra le mystère de River House avec le même talent… N'est-ce pas, Alice ? »

La jeune fille s'apprêtait à répondre quand son œil fut attiré par un mouvement fugace du côté de la porte. Elle avait tout juste eu le temps d'apercevoir une ombre se déplacer, mais elle en était certaine : quelqu'un les espionnait !

4

Rien ne va plus

Alice se pencha à l'oreille de Bess.

« Dis quelque chose… n'importe quoi, ce qui te passe par la tête. Et élève un peu la voix… »

Désarçonnée, son amie l'observa d'abord sans comprendre.

« Hein ? Quoi ? Ah oui… Comme je vous le disais, j'ai vu un film vraiment génial, hier soir : *La Revanche des vampires mangeurs de fourmis*. Vous en avez entendu parler ? »

Mandy et Daphné la considérèrent comme si elle avait perdu la raison mais Bess ne se laissa pas démonter. Tandis que son amie entreprenait de raconter l'intrigue de ce film imaginaire, Alice put se glisser discrètement en direction de la porte. Mais l'ombre s'était évanouie. S'élançant dans le couloir, la jeune détective tourna vers la gauche : Freddy Ewing marchait d'un pas vif vers la sortie…

Le sang d'Alice ne fit qu'un tour : Freddy, *encore* !

« Excusez-moi… vous êtes bien Freddy Ewing ? » s'écria-t-elle en courant vers lui.

Le jeune homme s'immobilisa et la dévisagea.

« Vous m'avez suivi ? Que me voulez-vous ?

— Ce serait plutôt à moi de vous poser cette question… Vous paraissiez très intéressé par la conversation qui se tenait dans la cuisine, il y a un instant. Vous avez besoin de quelque chose ? »

Freddy plissa les yeux et se dirigea avec détermination vers Alice. Avant qu'elle ait eu le temps de reculer, il l'attrapa violemment par le bras.

« J'en ai assez de vos questions et de vos soupçons, grommela-t-il d'une voix menaçante. Quel est votre problème ? L'organisatrice du mariage ne vous donne pas suffisamment de travail ? »

Soutenant son regard de défi, Alice réussit à dégager son bras d'un geste vif.

« Je n'apprécie pas qu'on m'espionne, rétorqua-t-elle du même ton mordant. Quelqu'un a écouté à la porte de la cuisine et je crois fermement que c'était vous.

— C'est faux ! protesta le jeune homme. J'arpentais seulement le couloir, à la recherche d'un téléphone. »

La jeune détective scruta son visage, mais ne parvint pas à savoir s'il mentait ou non.

« Il doit y en avoir un près de la chapelle, indiqua-t-elle après un long silence.

— Non, trancha Freddy, je vais utiliser le téléphone de voiture de ma tante. Au revoir. »

Et il pivota sur ses talons avant de s'éloigner d'un pas pressé.

Le témoin, Tyler Fitch, leva sa coupe de champagne, un large sourire aux lèvres.

« J'aimerais porter un toast aux mariés, Libby et Charles. Je leur souhaite une vie longue et heureuse… Et j'espère que Libby aura la sagesse d'investir dans une paire de boules Quiès pour ne pas être importunée par les ronflements abominables de son mari… »

Un éclat de rire général salua la boutade et Charles, un grand et beau jeune homme blond, fit semblant de lancer son verre à la tête de Tyler. Celui-ci répondit d'un geste identique puis reprit le fil de son discours.

Adossée à une colonne, Alice surveillait discrètement les allées et venues des convives dans la salle de bal. Jusqu'à présent, la réception se déroulait sans anicroche. Les invités, dont la plupart portaient des tenues d'époque victorienne, paraissaient passer un agréable moment. Le dîner concocté par Daphné, composé d'un bouillon d'huîtres, de homard à l'américaine et d'une salade d'asperges, rencontrait un vif succès.

Alice, Bess et Marion, qui s'étaient changées pour revêtir de longues robes grises à col montant juste avant la réception, n'avaient pas eu une minute pour souffler ; il avait fallu servir les apéritifs et les petits fours, puis garnir le buffet et débarrasser les assiettes. Alice s'était efforcée de garder un œil sur Freddy, mais cela n'avait pas été facile, vu le nombre de personnes qui évoluaient dans la pièce et le travail incessant qu'elle avait à assumer.

Tandis que le témoin concluait son discours,

elle scrutait attentivement chaque tablée, afin de localiser son suspect. Elle crut le reconnaître, assis entre deux vieilles dames, mais la distance ne lui permettait pas d'être formelle.

« Pensez-vous que les mariés s'offusqueraient si je dansais sur les tables ? »

Interloquée, Alice tourna la tête. Un séduisant jeune homme, âgé d'une vingtaine d'années, se tenait à côté d'elle, un sourire charmeur aux lèvres. Il portait un élégant smoking noir et ses cheveux bruns, ondulant gracieusement, contrastaient avec la pâleur de son teint, parsemé de taches de rousseur.

« Pardon ? fit-elle poliment.

— Je plaisantais, la rassura-t-il avec bonne humeur. Simplement, je m'ennuie à mourir. Pas vous ?

— À vrai dire, je…

— Oh ! pardonnez-moi…, l'interrompit-il. Je ne me suis même pas présenté. Vraiment, j'oublie toutes mes bonnes manières ! »

Il tendit la main et inclina légèrement la tête.

« Kevin Royko, pour vous servir. »

Quand Alice avança à son tour la main, il la prit dans sa paume et, avec une révérence théâtrale, la baisa délicatement.

« Êtes-vous un ami du marié ou de la mariée ? interrogea Alice en retirant sa main.

— Les deux, répliqua promptement Kevin. J'ai de la chance, non ? Et vous ? »

La jeune fille exhiba le plateau qu'elle avait posé à côté d'elle, sur la colonne.

« Je suis employée ici.

— Alice ! Alice ! »

Par-dessus l'épaule de son interlocuteur, la jeune fille distingua la silhouette de Bess, qui faisait de grands gestes avec les bras. Sans attendre, elle prit poliment congé du jeune homme.

« Désolée, mais le travail m'appelle. J'ai été très heureuse de faire votre connaissance.

— Tout le plaisir a été pour moi, répondit Kevin avec une courtoisie affectée, qui contrastait avec la lueur de malice de ses yeux bleus. Si jamais, en fin de soirée, vous apercevez un énergumène qui danse sur les tables, vous saurez que c'est moi. »

Ébauchant un sourire, elle se hâta de rejoindre Bess. « Un drôle de personnage, tout de même… », songea-t-elle en s'éloignant.

Bess l'attrapa par le bras et l'entraîna en direction de la cuisine.

« Il y a une catastrophe. Le gâteau qui a été livré n'est pas le bon. Et on n'a plus le temps de faire venir celui qui a été commandé.

— Mon Dieu… », compatit Alice.

En réfléchissant, elle envisagea une solution.

« Une seconde… On peut sans doute sauver la situation en arrangeant un peu le mauvais gâteau. »

Mais Bess leva les yeux au ciel.

« Attends de voir le monstre ! Au fait, qui était le garçon super mignon avec qui tu parlais ? »

Son amie éclata de rire. Bess ne changerait jamais…

« C'est l'un des invités. Je te le présenterai plus tard, si tu veux… »

Dans la cuisine, Mandy et Daphné, penchées au-dessus du gâteau, discutaient âprement. Quant à Marion, en retrait, elle battait une préparation dans un bol.

En observant de près la pâtisserie, Alice dut convenir que Bess n'avait pas exagéré. Impossible de faire passer cette génoise avec un glaçage jaune citron et décorée de battes et de balles de base-ball en nougatine pour un élégant dessert victorien ! Sans parler de l'inscription en pâte d'amande : *Félicitations à l'équipe des ratons laveurs de River City* !…

Mandy soupira.

« Quand je pense que, quelque part dans la ville, un groupe de garnements de huit ans, fous de base-ball, se régalent d'une superbe pièce montée qui a coûté trois cents dollars… Je n'arrive pas à comprendre comment cela a pu arriver.

— On pourrait peut-être essayer de convaincre Charles et Libby que le base-ball était le sport à la mode à l'époque victorienne », suggéra Daphné.

Sa sœur lui décocha une œillade réprobatrice.

« Ne sois pas ridicule. D'ailleurs, je te signale que c'est sur ton conseil que j'ai fait appel à ce pâtissier… Tout ça, c'est ta faute !

— *Ma* faute ? s'indigna Daphné. Mais c'est toi qui as signé le bon de livraison ! Tu aurais dû te douter, à la forme du carton, qu'il y avait eu une méprise…

— La seule question qui compte, désormais, c'est : comment allons-nous réparer cette erreur ? » trancha Alice avec sagesse.

La remarque ramena Mandy à l'urgence de la situation.

« J'ai déjà rencontré un problème similaire, se souvint-elle. Naturellement, beaucoup moins grave... Mais je pense que nous devrions parvenir à sauver la mise.

— Comment comptez-vous vous y prendre ? demanda Marion.

— Il n'est pas question de modifier la forme générale du gâteau, ou de refaire un glaçage. Nous n'avons pas le temps. Mais, en ôtant les décorations et en aplatissant l'inscription avec une spatule, on effacera toute référence sportive. Ensuite, il ne restera plus qu'à couvrir le tout d'amandes effilées et de fleurs fraîches. »

La jeune femme leva les yeux vers ses collaboratrices.

« Au travail, nous n'avons pas un instant à perdre. »

Vingt minutes plus tard, Alice, Bess et Marion apportaient la pâtisserie métamorphosée dans la salle de bal. Mandy avait réalisé un véritable travail d'artiste et, lorsqu'on leur présenta le gâteau, ni Libby ni Charles ne se doutèrent de rien. Les jeunes mariés découpèrent des parts puis, selon la tradition, s'offrirent mutuellement la première bouchée, sous les applaudissements nourris de l'assemblée.

Les trois amies battirent discrètement en retraite vers la cuisine.

« Ouf ! soupira Marion. Mandy a évité de peu un fiasco...

— Je te l'avais dit, renchérit Bess, cette femme est un as. Quand je me marierai, c'est certainement à elle que je ferai appel pour toute l'intendance. »

Soudain, les yeux de Bess se firent rêveurs.

« Je m'y vois déjà... Nous choisirons un thème médiéval et je porterai une robe en velours bouffante et un hennin. Mon fiancé, lui, revêtira une cotte de mailles et une armure... Au menu, il y aura des moutons rôtis ou des sangliers — enfin, un truc bien moyenâgeux ! »

Alice s'apprêtait à répondre d'une boutade quand elle remarqua la présence de Rafe, le gardien, debout à côté de l'une des portes de la pièce. Approchant, elle lui présenta ses deux acolytes.

« Du nouveau ? demanda-t-elle.

— À propos du fantôme ? Non, rien de rien. J'ai fouillé le manoir de fond en comble, deux fois plutôt qu'une, mais je n'ai pas trouvé le moindre indice, ni rencontré la moindre personne au comportement… comment dit-on déjà ? suspect, voilà. »

L'homme passa la main dans sa chevelure blonde coupée en brosse.

« J'ai aussi inspecté le passage secret. Bigre ! quel endroit lugubre…

— Je sais », enchaîna Alice.

Puis elle le mit au courant de la tentative de vol des cadeaux de mariage.

« À mon avis, les deux événements ont un seul et même auteur, mais je n'ai aucune preuve. Quoi qu'il en soit, il serait souhaitable que vous restiez vigilant pendant toute la soirée. Mandy a discuté avec Charles et Libby, qui ne veulent pas entendre parler d'une intervention de la police. C'est donc à nous de veiller à ce qu'aucun nouvel incident ne survienne.

— Pas de problème », acquiesça le vigile.

Il s'interrompit, absorbé dans la contemplation des jeunes mariés, qui se tenaient les mains tout en s'embrassant.

« Un beau mariage, pas vrai ? Ces deux-là forment un bien joli couple. Ils méritent une fête réussie. Comme on dit, c'est le plus beau jour de leur vie… »

Suivant le regard de l'homme, Alice ne

put que tomber d'accord avec lui. En dépit des petits ou grands obstacles qui avaient surgi, la cérémonie se déroulait dans la joie, et les mariés paraissaient les plus heureux du monde. Toutefois, la jeune détective restait sur ses gardes ; Freddy — ou un autre — pouvait frapper de nouveau. La nuit commençait à peine et, le lendemain, les jeunes époux s'envoleraient pour le Maine. Le coupable les poursuivrait-il là-bas ?

Ce fut le tonnerre qui arracha Alice au sommeil. Elle se dressa brusquement dans son lit, s'étira puis jeta un œil par la fenêtre. Le ciel, d'un gris de plomb, déversait des torrents de pluie. Derrière la vitre ruisselante, les branches d'un érable étaient secouées frénétiquement par des rafales de vent.

« Oh non…, soupira-t-elle. Le mariage… »

En consultant son réveille-matin, elle constata qu'il n'était pas encore six heures. Le deuxième mariage du week-end était programmé à dix heures et, comble de malchance, toute la réception était prévue en plein air. La cérémonie religieuse aurait lieu sur la grande estrade montée derrière le manoir et le lunch sur la pelouse.

Alice sauta hors de son lit et enfila sa robe de chambre, avant de descendre l'escalier d'un pas sautillant. Dans la salle à manger, elle trouva son père attablé devant son petit déjeuner.

James Roy, un homme aux cheveux bruns grisonnants aux tempes, et aux yeux du même bleu que ceux de sa fille, releva la tête de son bol de céréales.

« Bonjour, ma chérie. Tu as bien dormi ? »

Alice se pencha pour l'embrasser sur la joue.

« Comme une bûche. »

À cet instant, Sarah Green passa la tête dans l'embrasure de la porte. Celle-ci était la gouvernante des Roy mais, pour Alice, elle représentait bien plus qu'une simple employée de maison ; depuis qu'elle avait perdu sa maman, à l'âge de trois ans, la jeune fille avait reporté toute son affection sur la vieille dame.

« Y aura-t-il des amateurs si je prépare des crêpes ? Vu le temps, ça me paraît approprié…

— Je n'ai plus très faim, mais j'en mangerai volontiers une ou deux ! répondit James Roy d'un ton enjoué. Je n'ai jamais pu résister à tes crêpes, Sarah…

— Moi non plus », renchérit Alice en s'asseyant en face de son père.

Elle se servit un verre de jus d'orange et l'avala d'un trait.

« De plus, ajouta-t-elle, je retourne tout à l'heure à River House et je vais avoir besoin d'énergie.

— River House..., répéta son père à mi-voix. Ce nom-là me rappelle un fait divers dont on a beaucoup parlé, il y a quelques années. Mais je n'arrive pas à me souvenir de quoi il s'agissait exactement.

— Une affaire que tu as eue à défendre ? » suggéra Alice, sa curiosité mise en éveil.

M. Roy était un avocat fort réputé à River City.

« Non. Il me semble que c'est un article de journal que j'ai lu à l'époque, ou alors une information que j'ai entendue à la radio...

— Figurez-vous que j'ai eu pour camarade de classe une des précédentes occupantes de la propriété, intervint Sarah. Une certaine Grace Merrill... Mais je n'ai plus aucun contact avec elle depuis de nombreuses années.

— Grace Merrill..., releva Alice, songeuse. Dans le grand hall d'entrée du manoir, trônent deux portraits qui représentent, selon Bess Joseph et Jeanine Merrill, les premiers propriétaires de River House. Certainement des aïeuls de Grace.

— Je crois qu'il s'agissait de ses grands-parents », avança la fidèle gouvernante.

Puis elle s'éclipsa dans la cuisine pour confectionner les crêpes. Alice se resservit de jus d'orange et raconta à son père les incidents survenus au cours du mariage de Charles et Libby.

« Ton histoire ne me dit rien qui vaille, commenta gravement James Roy lorsqu'elle eut achevé son récit. Ce sinistre personnage est peut-être dangereux.

— Maintenant que le mariage de Libby et Charles est terminé, j'espère qu'il ne frappera plus. Je craignais un peu que ce mauvais plaisant ne suive les mariés dans le Maine, où ils vont passer leur voyage de noces... Mais Libby m'a rassurée : ils se rendent dans un lieu gardé secret, afin de n'être importunés par personne.

— Reste tout de même sur tes gardes, conseilla son père, ses yeux bleus assombris par l'inquiétude. Ce type a peut-être encore d'autres mauvaises intentions... »

Alice arrêta les essuie-glaces, en constatant avec plaisir que la pluie avait cessé. Mandy avait téléphoné pendant son petit déjeuner, pour la prier de venir plus tôt que prévu afin d'aider à tout rentrer, au cas où l'orage continuerait. La jeune fille s'était donc mise en route rapidement ; au passage, elle devait prendre Bess et Marion dans leur maison respective, pour qu'elles se rendent ensemble à River House.

Afin de connaître les prévisions météo pour la journée, elle alluma l'autoradio.

« Vous écoutez WRIV, la radio favorite des amateurs de rock'n'roll, annonça une voix masculine. Temps encore très nuageux sur notre région aujourd'hui, avec des averses éparses. Quelques éclaircies possibles en fin de journée… Alors restez au sec… et à l'écoute de WRIV ! »

Le speaker se tut, pour laisser place à la musique, un rythme de rock effréné ; Alice baissa légèrement le volume. Soudain, une voiture la doubla sur sa gauche, projetant une giclée de boue sur son pare-brise.

« Merci beaucoup… », murmura-t-elle à l'intention du conducteur indélicat.

Elle actionna la manette du lave-glace,

mais le jet qui se répandit sur son pare-brise n'avait rien du liquide nettoyant habituel. Une substance rouge et visqueuse étalée par les essuie-glaces opacifia la vitre. Ne voyant plus la route, la jeune fille s'assura qu'aucun véhicule ne la suivait, puis appuya énergiquement sur la pédale du frein.

La Mustang zigzagua et Alice, malgré sa ceinture de sécurité, se sentit violemment ballottée de droite à gauche. Elle tenta de rétablir sa direction mais, conduisant à l'aveugle, elle n'avait plus aucun repère. Cédant à la panique, elle comprit qu'elle était sur le point de perdre totalement le contrôle du véhicule…

5
Tensions familiales

Alice relâcha sa pression sur la pédale du frein pour l'actionner par petits coups brefs. Sur le pavé mouillé, un freinage trop brusque risquait d'avoir des conséquences désastreuses. En outre, elle se trouvait sur une route étroite et, ne distinguant rien devant elle, elle pouvait à tout instant heurter un obstacle — un arbre, un bâtiment ou même un autre véhicule…

Abaissant la vitre de sa portière, elle sortit la tête, tout en gardant la main droite sur le volant et le pied droit sur le frein. Aussitôt, elle vit qu'elle roulait sur le côté gauche de la chaussée ; en face d'elle, deux phares blancs avançaient vers elle à vive allure. Si elle ne réagissait pas vite, elle allait provoquer une collision frontale !

Le souffle rendu haletant par la peur, elle tourna le volant vers la droite. La Mustang reprit sa file juste à temps pour éviter le choc. Une seconde de plus, et l'accident aurait été terrible ! En passant à sa hauteur, l'autre conducteur klaxonna bruyamment pour manifester son mécontentement.

Enfin, la voiture d'Alice s'immobilisa. Elle fit encore quelques mètres pour se garer sur le bas-côté, puis renversa sa tête en arrière et ferma les yeux, à bout de force.

« Il s'en est fallu d'un cheveu... », murmura-t-elle, frissonnante.

Il lui fallut plusieurs minutes pour recouvrer ses esprits ; après quoi, elle alluma les feux de détresse et sortit de la voiture pour aller ouvrir le capot. La pluie s'était remise à tomber et, en quelques secondes, la jeune fille fut trempée jusqu'aux os. En observant le réservoir destiné à contenir le liquide lave-glace, elle le trouva rempli d'une substance rouge. « De la peinture, se dit-elle instantanément. On avait versé délibérément de la peinture rouge dans son réservoir, dans le but de provoquer un accident. »

Cette découverte la terrifia. Elle regagna sa Mustang et s'assit. D'une main tremblante, elle remonta la vitre et verrouilla la portière. La personne qui avait saboté sa voiture devait être particulièrement malveillante et déterminée. Et cette personne courait encore en liberté, quelque part…

Une demi-heure plus tard, tandis qu'une camionnette de dépannage remorquait la Mustang, Alice se glissa dans la voiture de Marion. Les deux cousines étaient arrivées à sa rescousse dès qu'Alice avait pu les joindre, en appelant de la cabine téléphonique la plus proche.

« Tu es *sûre* que ça va ? demanda Bess, assise sur la banquette arrière. Tu as une mine épouvantable.

— Ça va, merci, répondit Alice avec un sourire. Je suis encore un peu secouée, c'est tout. »

Marion fit vrombir le moteur.

« D'après toi, qui a pu faire cela ? »

Son amie frotta ses cheveux mouillés avec la serviette que Bess lui avait apportée.

« À mon avis, ma mésaventure n'est pas sans rapport avec les incidents survenus lors du mariage de Charles et Libby. Mais quel peut être le mobile du criminel ? A-t-il pris peur en voyant que je menais ma petite enquête ? »

Lorsqu'elles arrivèrent à River House, la pluie avait cessé. Alice s'éclipsa un instant dans l'une des chambres du manoir, afin de revêtir son uniforme — pantalon noir, chemisier blanc et lavallière noire —, puis rejoignit ses compagnes dehors.

La beauté du parc, derrière le corps de bâtiment, la frappa. Il y avait là différents jardins à thème, tous aussi bien entretenus : des roseraies, des plantations d'herbes médicinales, des carrés de plantes exotiques, des rocailles… et, à l'horizon, une vaste forêt de pins. Elle remarqua également une petite mare avec des canards et, à l'orée du bois, une imposante estrade en bois. Plus qu'une estrade, on aurait dit un kiosque à musique à l'ancienne, avec un toit ouvragé et des colonnades tout autour. Après l'averse, l'air sentait bon l'herbe fraîche et la résine. Le soleil apparaissait timidement derrière les nuages, qui fuyaient maintenant vers l'est.

Elle trouva Bess, Marion et Mandy sous le kiosque, occupées à le décorer de clochettes en papier blanc, de petits paniers d'osier, de masques africains et de guirlandes de fleurs des champs. En apercevant la jeune fille, l'organisatrice accourut à sa rencontre.

« Vos amies m'ont raconté ce qui vous était arrivé sur la route… J'admire votre sang-froid… Comment vous sentez-vous ?

— Mieux, répondit Alice. Cela dit, maintenant que je sais que quelqu'un est à mes trousses, je suis plus impatiente que jamais de lui mettre la main dessus. »

Mandy essuya ses mains humides sur son pantalon de toile kaki.

« Je comprends. Nous ferons tout pour vous aider. »

Mais elle s'interrompit, perturbée par ce qu'elle venait de découvrir, par-dessus l'épaule d'Alice.

« Je suis navrée, nous allons devoir remettre cette discussion à plus tard. La mariée vient d'arriver, avec ses parents. »

Se retournant, Alice vit en effet un petit groupe de personnes qui se dirigeait vers le kiosque. Elle distingua une jolie jeune fille, à peine plus âgée qu'elle, qui portait un chignon compliqué ramassé sur la nuque et une robe rose fuchsia qui faisait ressortir son teint d'ébène. Elle était accompagnée d'un homme grand et fort, aux petites lunettes cerclées d'acier, et d'une dame toute menue, avec de longs cheveux noirs veinés de gris rassemblés en une queue de cheval.

« Mandy ! s'écria la jeune fille. J'ai failli avoir une attaque ce matin, en me réveillant... Comme si le ciel faisait tout pour m'être désagréable ! »

Elle adressa un ravissant sourire aux trois aides de Mandy.

« Bonjour, je suis Kanisha Partridge, et voici mes parents, Jamal et Selma Partridge. »

Alice, Bess et Marion se présentèrent à leur tour.

« Le ciel est avec vous, au contraire, répliqua Alice. Voyez, le soleil se met à briller pour saluer votre arrivée...

— C'est un bon présage pour votre mariage », renchérit Bess.

M. Partridge s'éclaircit la gorge pour parler, mais sa femme lui décocha un coup de coude dans les côtes. Aussitôt, le sourire de Kanisha s'évanouit.

« Vous avez raison, c'est assurément un présage favorable, dit-elle gravement, ses yeux d'ébène rivés sur son père.

— Votre robe est accrochée à l'étage, dans la chambre d'Or, se hâta d'enchaîner Mandy, visiblement pressée de changer de sujet. Elle est vraiment magnifique… Ces couleurs vives rebrodées d'or, c'est une pure merveille !

— Chantelle est un couturier exceptionnel », déclara Mme Partridge.

Elle posa la main sur le bras de son mari.

« Viens, Jamal, allons faire le tour du jardin… Nous pourrons admirer les roses, ces fleurs que tu aimes tant.

— Tout à l'heure, rétorqua M. Partridge d'un ton rogue. J'ai oublié quelque chose dans la voiture. Je reviens dans un instant. »

Et, sans autre commentaire, il s'éloigna en direction du parking.

Sa femme fronça les sourcils mais, voyant l'air inquiet de sa fille, ébaucha un sourire.

« Ne t'en fais pas, ma chérie, tout ira pour le mieux. Pourquoi ne nous promènerions-nous pas toutes les deux ? Cela calmera nos nerfs.

— D'accord, maman, acquiesça Kanisha. Mais ensuite, j'aimerais voir ma robe. »

Lorsque les deux femmes eurent pris de la distance, Marion interrogea Mandy du regard.

« Que se passe-t-il ? Ils semblent très tendus, tous les trois. »

Mandy émit un profond soupir.

« C'est à cause de Jamal Partridge, confia-t-elle finalement. Il désapprouve ce mariage.

— Mais… pourquoi donc ? s'étonna Bess.

— Le fiancé de sa fille ne lui plaît pas. Malcolm est musicien et n'a pas d'emploi stable, et M. Partridge estime que Kanisha mérite mieux. À vrai dire, son comportement a déjà largement nui au moral des deux fiancés, tout au long des préparatifs du mariage. C'est terrible de ne pas avoir l'assentiment de l'un de ses parents, en un jour aussi important. »

Alice médita en silence les propos de la jeune femme. Si elle se mariait, elle savait que son père lui donnerait son entière bénédiction, quel que soit son choix. Aussi plaignait-elle sincèrement la future mariée.

La voix de Mandy la tira de ses pensées :

« Bon, comme toujours, il reste un million de choses à faire. Je terminerai seule la décoration du kiosque ; Bess, Marion, vous pourriez commencer à installer les chaises pour la cérémonie. Il en faudra soixante-quinze environ, vous les trouverez dans la remise à côté de la salle de bal. »

Puis elle se tourna vers Alice.

« De votre côté, si vous alliez rejoindre Daphné dans la cuisine ? Elle a sans doute besoin d'aide.

— Compris », fit la jeune fille.

Quand elles eurent reçu quelques instructions supplémentaires, les trois amies se dirigèrent vers la maison.

« Je suppose qu'un mariage sans nuage n'existe pas, remarqua Marion.

— Tu l'as dit ! approuva sa cousine avec conviction. Toutefois, nous avons indéniablement touché le fond hier soir, avec le fantôme, le voleur et autres réjouissances... La mauvaise humeur de M. Partridge, c'est de la gnognote, en comparaison ! »

Pourtant, une lueur d'inquiétude assombrit son regard.

« Vous croyez que le fantôme va revenir aujourd'hui ? »

Marion leva les yeux au ciel.

« Bess ! Ce n'était pas un *vrai* fantôme...

— Oui, oui, répliqua sa cousine d'un air entendu, je sais que c'est ce que vous pensez, Alice et toi. Mais moi, je n'en suis pas si sûre. Après tout, nous sommes dans une très vieille demeure... Peut-être est-elle hantée par les spectres de Joseph et Jeanine Merrill ?

— Ben voyons… Et moi je suis la première dame des États-Unis ! » rétorqua Marion d'un ton moqueur.

Une fois dans le grand hall d'entrée, Alice laissa ses amies à la porte de la salle de bal et se dirigea vers la cuisine. Dans le couloir, elle reconnut M. Partridge, de dos, qui téléphonait depuis la cabine publique située à côté de la chapelle.

« Si seulement je pouvais trouver un moyen d'empêcher ce mariage…, grommelait-il d'une voix sourde. L'idée que ma petite fille va épouser ce bon à rien me met hors de moi. »

Alice se hâta de disparaître afin que l'homme ne puisse se douter qu'elle avait surpris sa conversation. Tant de froideur et de cynisme la révoltaient.

Avant d'atteindre la cuisine, elle fit une autre rencontre, tout aussi inattendue. Une femme d'une cinquantaine d'années, aux cheveux argentés, scrutait attentivement un des portraits suspendus au mur. Son tailleur gris, son petit chapeau assorti et ses lunettes sombres lui donnaient une certaine élégance.

La jeune détective la considéra avec curiosité.

« Puis-je vous aider, madame ? » demanda-t-elle poliment.

Surprise, l'inconnue fit volte-face.

« Oh ! Bonjour... Non, vous êtes très aimable, mais j'étudiais seulement cette jolie toile. C'est un Winslow Homer, le saviez-vous ?

— Non, je l'ignorais, répondit Alice avec un sourire. Êtes-vous ici pour le mariage ? »

La femme afficha une mine interloquée.

« Le mariage ? Quel mariage ? Non, non, ce n'est pas cela. Je visite les lieux, c'est tout. »

Son visage, tendu l'instant précédent, s'adoucit à l'évocation du manoir.

« J'ai toujours eu une affection particulière pour cette maison. Je n'en connais aucune, ni à River City ni ailleurs dans le monde, qui me tienne tant à cœur.

— Je comprends, approuva Alice. Je trouve moi aussi que c'est un très bel endroit. Toutefois, les visites ne sont pas autorisées ce matin. Je suis désolée. D'ailleurs, le manoir sera fermé tout le week-end, car trois mariages doivent encore s'y dérouler d'ici à demain. Le public sera de nouveau admis lundi matin, je crois. »

Trouvant la visiteuse fort sympathique, Alice n'osait lui intimer trop directement de s'en aller. La déception qu'elle lut sur le visage ridé lui fit de la peine.

« Oh !... et moi qui ai fait toute cette route rien que pour passer un moment ici... Tant pis, je reviendrai lundi matin. Merci de votre amabilité, mademoiselle. Amusez-vous bien pendant le mariage. »

Avec un léger signe de la main, l'inconnue s'éloigna vers la sortie. Alice put alors gagner la cuisine.

Là, elle trouva Daphné qui s'appliquait à tailler des poivrons en fines lamelles. La radio diffusait un air de rhythm'n'blues entraînant.

« Ah, Marion ! lança la cuisinière en apercevant la jeune fille. Vous arrivez à point nommé, j'ai justement besoin d'aide. Le tranche-légume électrique vient de tomber en panne.

— Je suis Alice, corrigea la jeune fille avec un sourire. Marion, c'est la grande brune aux cheveux courts. Mais dites-moi en quoi je puis me rendre utile.

— Pardonnez ma méprise, Alice. J'ai toujours un mal fou à retenir les prénoms. »

Elle attrapa un couteau qu'elle tendit à Alice.

« Pouvez-vous me donner un coup de main pour découper tous ces poivrons ? C'est pour faire des *frittatas*, des petits beignets frits. »

Aussitôt, la jeune détective se mit au travail. Le parfum un peu piquant des légumes lui parut délicieux.

« Quels autres plats préparez-vous ? demanda-t-elle.

— On m'a commandé un buffet exclusivement végétarien, avec des influences antillaises, expliqua Daphné. Comme hors-d'œuvre, j'ai prévu des *okras* frits et des aubergines grillées ; comme plat principal, un assortiment de salades, des haricots noirs, des bananes plantains, du riz à la noix de coco, du chutney aux mangues — et les *frittatas*.

— Arrêtez, je salive déjà ! s'enthousiasma Alice. Pour un ancien charpentier, vous vous y connaissez bien en cuisine… »

Flattée par le compliment, Daphné émit un petit rire.

« J'ai toujours adoré préparer des petits

plats — et les déguster ! Quand j'étais adolescente, je cuisinais souvent des repas entiers pour ma famille. Et maintenant, j'en fais autant pour moi-même et pour mes amis.

— Comment vous est venue l'idée de monter ce service de traiteur à domicile ? »

Curieusement, la question d'Alice sembla perturber son interlocutrice, qui fit une réponse plutôt vague :

« À vrai dire, l'idée n'est pas de moi. »

Alice s'apprêtait à l'interroger plus avant quand on frappa à la porte. Un homme se profila dans l'embrasure, chargé d'une pile de boîtes en carton blanc.

« Je suis envoyé par le fleuriste Bonaparte, annonça-t-il. Où dois-je déposer ces bouquets ? »

Alice lâcha son couteau pour s'approcher du livreur.

« Puis-je voir le bon de commande, s'il vous plaît ? »

Après l'incident du bouquet manquant de la veille, elle voulait s'assurer que toute la livraison était là avant de signer le bon.

L'homme lui tendit la fiche, qu'elle examina soigneusement. Puis, après avoir inspecté toutes les boîtes une à une, elle pria le coursier de les déposer à l'étage, dans la chambre Bleue.

« Suivez-moi, je vais vous montrer où elle se trouve », offrit-elle.

En arrivant en haut de l'escalier, Alice précéda l'homme dans le couloir. En passant devant la chambre d'Or — réservée à la mariée —, elle remarqua que la porte en était restée entrouverte. Sans doute Kanisha et sa mère procédaient-elles à un ultime essayage ?... Peut-être apprécieraient-elles de voir le bouquet de la mariée ?

« Attendez-moi une petite seconde », indiqua-t-elle au livreur.

Puis elle frappa à la porte. N'obtenant pas de réponse, elle glissa la tête à l'intérieur de la pièce. Le spectacle qu'elle aperçut lui glaça les sangs.

Suspendue à un portant, au milieu de la pièce, trônait la robe de mariée de Kanisha. Ou, du moins, ce qu'il en restait. Quelqu'un avait sauvagement lacéré le magnifique vêtement, le réduisant à l'état de guenilles.

6

Le sabotage continue

Affolée, Alice se rua dans la pièce, espérant que le coupable s'y trouverait encore. Mais la chambre était vide ; par acquit de conscience, elle vérifia aussi l'intérieur de la penderie, sans plus de succès.

Elle revint alors vers la robe, afin de mesurer l'étendue des dégâts. Un désastre… d'autant plus consternant que, selon les apparences, il s'agissait d'un vêtement exceptionnel. Un brocart sur une soie chamarrée, rouge, pourpre et jaune, d'un effet étincelant. « Kanisha aurait eu l'air d'une princesse, assurément… », songea Alice avec amertume.

Passant le doigt sur les déchirures, elle

constata que celles-ci étaient nettes et droites, comme si elles avaient été faites par un couteau tranchant ou une lame de rasoir.

« Excusez, mademoiselle… Où dois-je laisser les boîtes ? » s'impatienta le livreur.

Alice sursauta presque ; elle avait complètement oublié la présence de l'homme…

« Désolée de vous avoir retardé. Pourriez-vous les déposer dans la chambre Bleue ? C'est la dernière porte au fond du couloir à droite. »

Le coursier disparut et la jeune détective put se concentrer de nouveau sur l'examen de la robe de mariée. Qui avait pu commettre un méfait aussi terrible ? Et quelle serait la réaction de Kanisha ?

Soudain, une pensée lui glaça les sangs. Au téléphone, elle avait entendu M. Partridge confier à son interlocuteur son désir d'empêcher le mariage. Aurait-il osé détruire la robe de mariée de sa fille pour parvenir à ses fins ?

« Par ici, je vous prie… »

Reconnaissant la voix de Mandy, Alice fut saisie de panique. Comment éviter la terrible confrontation ?

« Vous allez être éblouie, Kanisha, continua

la maîtresse de cérémonie. Chantelle a effectué quelques arrangements de dernière minute, notamment sur le décolleté, comme vous l'aviez souhaité. »

Courant vers la porte, Alice se trouva face à Mandy, immédiatement suivie de Kanisha et de Mme Partridge.

Inspirant une profonde bouffée d'air, elle chercha ses mots pour préparer les nouvelles arrivantes au spectacle désolant qui les attendait.

« Je dois vous annoncer une affreuse nouvelle… », commença-t-elle.

Mais, avant qu'elle puisse poursuivre, la future mariée se rua dans la pièce, droit vers la robe.

« Ma… ma robe ! hoqueta-t-elle. Ce n'est pas possible ! Que… que s'est-il passé ?

— Je l'ai découverte dans cet état il y a quelques minutes, expliqua Alice. Je suis navrée pour vous, Kanisha. »

Mandy secoua la tête, atterrée elle aussi.

« J'ai quitté cette pièce il y a une demi-heure, la robe était intacte. Je n'y comprends rien. »

Livide, la pauvre Kanisha sanglotait nerveusement. Sa mère la prit tendrement par le bras et l'entraîna vers une chaise.

« Assieds-toi, ma chérie. »

Puis, se tournant vers Mandy, elle lui jeta une œillade assassine.

« Tout ça, c'est votre faute ! Vous n'êtes même pas capable de mettre en place un système de sécurité digne de ce nom ! C'était à vous d'empêcher un tel acte de vandalisme !

— Nous avons un gardien, se justifia Mandy d'une voix mal assurée, mais il ne peut surveiller toutes les allées et venues. Je suis sincèrement désolée… et sachez que j'assume pleinement la responsabilité de ce qui s'est passé. »

Kanisha pleurait maintenant à chaudes larmes.

« Qu'est-ce que je vais devenir, maman ? Je ne peux pas me marier sans ma robe !

— Mandy, intervint Alice, serait-il possible d'en obtenir une autre ? »

La jeune femme réfléchit un instant en silence, puis son visage s'éclaira.

« Mais bien sûr ! Comment n'y ai-je pas songé tout de suite ? Souvenez-vous, Kanisha, Chantelle nous a montré un modèle très semblable à celui-ci… La coupe était un peu différente, mais le tissu était le même. »

Kanisha sortit un mouchoir de son sac à main et se tamponna les yeux.

« Je… ne sais pas, répondit-elle sans conviction. Et puis, est-ce la bonne taille ?

— Chantelle réalise toutes ses créations originales en 36 et c'est justement votre taille, n'est-ce pas ? Voici ce que je vous propose : appelons la maison de couture, et demandons qu'on nous expédie d'urgence le modèle. Qu'en pensez-vous ? »

La mère et la fille se consultèrent du regard.

« D'accord, finit par acquiescer Kanisha. Cela vaut la peine d'essayer. Mais tout de même, ce ne sera pas la même chose que de porter ma propre robe…

— Je comprends, compatit aimablement Mandy. Encore une fois, toutes mes excuses… Je file téléphoner à Chantelle, et je vous tiens au courant. À tout de suite.

— Et moi, suggéra Alice, je pourrais aller chercher Rafe. Il me semble important de lui faire part de l'incident. »

Mandy approuva son initiative et toutes deux quittèrent la pièce, laissant à Mme Partridge le soin de réconforter sa fille. Dès qu'elles furent dans le couloir, Mandy laissa tomber son masque de sang-froid.

« Alice, je sens que je vais bientôt craquer. Au début, ce n'étaient que des incidents classiques — erreurs de livraison, tache de rouge à lèvres sur la robe de Libby... — qui font partie des aléas de mon métier. Mais ensuite se sont succédé le fantôme et la tentative de vol des cadeaux... et puis le sabotage de ton automobile, qui aurait pu avoir des conséquences dramatiques. Et maintenant, le désastre de la robe de Kanisha... »

La jeune femme secoua la tête en signe d'impuissance.

« Si nous n'arrêtons pas rapidement le coupable, nous risquons un accident grave ; ou alors je perdrai tous mes clients. Ou les deux à la fois.

— Je ne suis pas certaine que nous ayons affaire à un seul et même individu, avança Alice. J'ai d'abord cru qu'on en voulait à Charles et Libby. Mais alors, pourquoi s'attaquer à la robe de Kanisha ? Ça n'a pas de sens... »

Mandy soupira :

« Vous avez raison. Nous nageons en plein mystère. »

À l'entresol, Alice trouva Rafe assis à son

bureau, absorbé dans la contemplation d'une photographie.

« Je peux ? demanda-t-elle en poussant la porte.

— Entrez, entrez... Alice, c'est bien cela, hein ? »

La jeune fille acquiesça d'un sourire et pénétra dans l'étroit bureau. Au passage, elle eut le temps de voir ce que représentait le cliché : une jolie jeune femme brune.

« Une de vos amies ? questionna-t-elle.

— Ma fiancée, Patricia, répliqua l'homme avec fierté. Elle est belle, non ? Et ce n'est pas tout : c'est un vrai cordon bleu ! Savez-vous ce qu'elle me mijote tous les dimanches soir ? Une spécialité à elle, faite de...

— Je serais ravie de connaître la recette, mais un autre jour, l'interrompit Alice. Il y a un nouveau problème à l'étage.

— Ah ? »

Rafe rangea la photographie dans un tiroir et se leva.

« Je vous écoute, annonça-t-il, retrouvant son ton professionnel.

— Quelqu'un a lacéré la robe de mariée de Kanisha Partridge, expliqua la jeune détective. Venez vite, je vous raconterai tout en détail pendant que nous marcherons. »

Cinq minutes plus tard, ils arrivaient dans la chambre d'Or. Kanisha et sa mère s'y trouvaient encore, entourées de Mandy, de M. Partridge, de Bess et de Marion.

Mandy se tourna immédiatement vers la jeune détective.

« Je viens de rapporter aux Partridge ma conversation avec Chantelle. Elle fait livrer tout de suite la robe de remplacement. »

Son enjouement un peu forcé ne trompa pas Alice.

« C'est vous, le responsable de la sécurité ? lança Mme Partridge à Rafe. Vous allez m'expliquer comment un fou furieux a pu s'introduire dans le manoir pour mettre en pièces la robe de ma fille !...

— Deux heures avant un mariage, les portes sont ouvertes afin que le personnel et les premiers invités puissent circuler librement. Nous pratiquons cette politique depuis toujours et nous n'avons jamais eu à déplorer le moindre acte de vandalisme. »

Tandis que le vigile poursuivait ses explications, Alice épiait les réactions de M. Partridge. Il fixait Rafe d'un regard vide, qui ne laissait transparaître aucune émotion.

Elle tenta de s'imaginer l'homme, armé d'un couteau ou d'une lame de rasoir, s'attaquant sauvagement à la robe de sa fille. Rien, dans son comportement présent, ne révélait qu'il fût capable d'un tel acte de vandalisme. Mais, poussé par le désespoir, aurait-il pu être victime d'un accès de folie ?

« Souhaitez-vous que la police soit informée de cet incident ? » demanda Rafe à Kanisha.

La jeune fille secoua énergiquement la tête.

« Pas question. Je me marie dans quarante-cinq minutes et je ne veux pas d'une intervention des forces de l'ordre.

— Quarante-cinq minutes..., répéta Mandy en consultant nerveusement sa montre. Et nous sommes loin d'être prêtes.

— Si personne n'a besoin de moi, je sors faire un tour », annonça brusquement M. Partridge.

Et, sans attendre de réponse, il s'éclipsa d'un pas vif.

« Il faut que je le suive », songea Alice. Bien qu'elle n'eût aucune preuve de sa responsabilité dans le sabotage de la robe, elle ne voulait pas prendre le risque d'un nouvel acte criminel.

« Daphné a besoin de moi en cuisine, lança-t-elle pour justifier son départ. À tout à l'heure… »

Et elle emboîta le pas au père de la mariée, laissant l'assistance un peu perplexe après cette double disparition…

La célébration commença à dix heures précises, comme prévu. Un peu à l'écart des invités, Alice et Marion suivaient des yeux Kanisha et son fiancé, Malcolm Quinn, qui remontaient main dans la main l'allée de graviers conduisant à l'estrade. Un ami de Malcolm jouait une ballade sur sa guitare ; une centaine de personnes, rassemblées sur la pelouse, admiraient la procession, un sourire heureux aux lèvres.

M. Partridge, pourtant, gardait un visage de cire. Debout au premier rang, les bras croisés sur la poitrine, il affichait un air lugubre. Toutefois, remarqua Alice, il ne semblait pas décidé à perturber la cérémonie. Elle l'avait filé pendant près d'une heure et, comme il l'avait fait savoir, il s'était effectivement promené dans le parc, sans prendre la moindre initiative néfaste.

Alice reporta son attention sur les mariés.

Dans sa robe d'emprunt, Kanisha resplendissait. Personne n'aurait pu se douter qu'elle portait un modèle de collection qui ne lui était pas destiné. Malcolm, un jeune homme grand et mince, aux cheveux mi-longs bouclés, avait fière allure dans son pantalon noir, sa chemise blanche et sa veste en toile. Kanisha avait expliqué à Alice que la famille Quinn était originaire de la Jamaïque et qu'ils avaient choisi cette île comme destination pour leur voyage de noces.

« Pour l'instant, tout marche comme sur des roulettes, chuchota Marion à l'oreille de son amie.

— Pour l'instant, oui, admit Alice. Mais je serais plus tranquille si nous avions mis la main sur le coupable. Tant qu'il se promène en liberté, il peut encore agir.

— Tu suspectes encore le père de Kanisha ? »

La jeune détective avait informé ses amies de ses soupçons concernant M. Partridge.

« C'est le seul qui ait un mobile, expliqua-t-elle. Cependant, je ne détiens pas la moindre preuve contre lui et je n'arrive pas à me convaincre qu'un père puisse se comporter de façon aussi mesquine envers sa fille... »

Elle sourit et haussa les épaules.

« Cela dit, je manque d'objectivité en la matière. Mon propre père est si formidable que j'ai tendance à croire que tous les papas du monde sont à son image ! »

La mélodie de guitare se fit plus discrète, signalant que les fiancés arrivaient au pied de l'estrade. En cet instant d'émotion intense, Alice regarda le ciel. À peine quelques nuages blancs pour contraster avec le bleu insolent de l'azur… Une brise légère diffusait le parfum de l'encensoir agité par un enfant de chœur.

Dans ce tableau idyllique, un détail frappa soudain la jeune détective. À l'orée de la forêt de conifères, une silhouette inquiétante venait d'apparaître. Vêtue d'une longue cape noire et d'un masque en forme de tête de mort, l'ombre évoluait au milieu des arbres. Alice poussa un petit cri de stupeur : c'était le fantôme qui avait terrifié Libby !

Le spectre sortit du bois et, malgré la distance, la jeune fille eut l'impression très nette qu'il la fixait de son regard vide. Elle ne croyait pas aux revenants, pourtant elle frissonna. Puis la créature funèbre leva un bras, qu'elle pointa sur Kanisha et Malcolm.

Alice agrippa l'épaule de Marion et désigna, d'un geste du menton, la forêt de grands pins.

« Regarde ! Là-bas, c'est… »

Un craquement effroyable, suivi d'un cri déchirant, l'empêcha de terminer sa phrase. Le sol du kiosque s'effondra sous les pieds de Malcolm et Kanisha qui disparurent, engloutis sous les planches.

7
Un nouveau suspect

Les cris s'amplifièrent, la panique gagnant toute l'assemblée. Alice et Marion, qui s'étaient élancées à toutes jambes vers le kiosque dès les premiers craquements, comprirent vite ce qui s'était passé : l'une des planches centrales de l'estrade avait cédé, et les mariés s'étaient trouvés happés par le trou béant sous leurs pieds.

Voyant cela, la jeune détective fronça les sourcils. Une heure auparavant, aucune planche n'était défectueuse, puisque Mandy, Bess, Marion et elle-même avaient arpenté l'estrade en tout sens, pour y accrocher les décorations. Quelqu'un l'aurait-il sabotée dans l'intervalle ?

M. et Mme Partridge, qui avaient précédé les deux amies sous le kiosque, extirpaient les jeunes mariés de leur prison de bois.

« Kanisha, ma chérie... tout va bien ? » s'inquiéta sa mère.

La jeune fille se releva tant bien que mal, encore en état de choc.

« Ça va », articula-t-elle.

Puis, se tournant vers son fiancé :

« Et toi, mon chéri... tu n'as rien ?

— Non, je suis encore entier, répondit Malcolm en brossant son pantalon maculé de poussière. Mais j'aimerais bien qu'on m'explique ce qui est arrivé ! Personne n'avait donc vérifié l'état de cette estrade avant la cérémonie ? »

À cet instant, Mandy apparut, escortée de Bess.

« Nous avons tout vu de la fenêtre de la cuisine, expliqua l'organisatrice, encore essoufflée. J'espère que vous n'êtes pas blessés... Vraiment, nous jouons de malchance... »

Alice se rappela soudain un détail capital qui l'avait frappée, juste avant l'accident survenu aux fiancés : l'apparition du fantôme, au coin du bois...

Aussitôt, elle agrippa le bras de Marion.

« Vite ! Suis-moi !

— Quoi ? Qu'est-ce qui te prend ? » demanda son amie.

Mais Alice avait déjà détalé en direction de la forêt de pins qui barrait l'horizon, derrière le kiosque.

« Maintenant, dis-moi tout, exigea Marion lorsqu'elle eut rejoint la jeune détective en lisière du bois.

— Juste avant l'effondrement de l'estrade, j'ai aperçu le prétendu revenant au milieu des arbres. Il portait un masque représentant une tête de mort et une longue cape noire.

— Non ! Tu es sérieuse ? s'exclama son amie. Tu penses vraiment que ce fantôme d'opérette est responsable de l'incident de l'estrade ?

— Qui sait ? » répondit Alice d'un air énigmatique.

Elle s'immobilisa au pied du pin derrière lequel s'était caché le spectre. Mais ni là, ni alentour, elle ne décela le moindre indice attestant une présence humaine.

À genoux pour mieux scruter le sol, Marion poussa soudain un petit cri de victoire.

« Regarde un peu ça, Alice ! »

De son index pointé, elle désigna des empreintes de pas.

« On dirait que notre revenant a de grands pieds… », estima-t-elle.

Alice se pencha à son tour pour examiner les traces imprimées dans la terre. À cause de l'orage de la matinée, le sol boueux ne permettait pas de distinguer clairement les détails des empreintes. Elle promena son regard tout autour d'elle, mais les aiguilles de pin qui jonchaient le sol n'avaient pas gardé la mémoire du visiteur.

« Le mystère s'épaissit, conclut Alice en se relevant. D'abord, j'ai cru que Freddy Ewing s'était déguisé en fantôme pour faire peur à Libby et qu'il s'était emparé des cadeaux de mariage…

— Freddy Ewing ? répéta Marion, perplexe. Tu ne m'as jamais parlé de cet individu…

— Il s'agit du cousin de Libby, expliqua la jeune détective. Mais j'ai dû ensuite rectifier mon point de vue, car il n'avait aucun mobile pour s'en prendre à la robe de Kanisha. Je me suis donc imaginé que nous avions affaire à deux coupables : Freddy et le père de Kanisha. »

Elle s'interrompit un moment, songeuse, et hocha la tête d'un air sceptique.

« La réapparition du fantôme, aujourd'hui, m'oblige à revoir encore mon jugement. Surtout si c'est lui qui a aussi provoqué l'effondrement de l'estrade.

— Je commence à comprendre..., murmura Marion. Tu penses qu'un seul et même coupable a essayé de gâcher les deux mariages.

— Exactement, approuva Alice. Et ni Freddy Ewing ni M. Partridge ne correspondent à ce portrait-robot. »

La cérémonie s'acheva une demi-heure plus tard, après que Rafe et Mandy eurent réparé le plancher du kiosque. Les jeunes mariés échangèrent leurs alliances dans un silence recueilli.

Les yeux dans les yeux, ils prononcèrent les paroles rituelles.

« Kanisha, proclama Malcolm, je t'offre cet anneau, signe de mon amour et de mon dévouement. Ta présence donne un sens à ma vie et, ensemble, nous fonderons un foyer tourné tout entier vers un avenir de paix et de sérénité. Comme cet anneau, mon amour t'entourera et te protégera à jamais.

— Malcolm, répondit Kanisha, je t'offre cet anneau, signe de mon amour et de mon dévouement. Ta présence donne du souffle à ma vie et, ensemble, nous bâtirons une famille où la joie régnera sans partage. Comme cet anneau, mon amour t'entourera et te protégera à jamais. »

Tout en installant la scène où l'orchestre se produirait, Alice et Bess n'avaient rien manqué de ce moment intense. Bess essuya une larme et soupira profondément.

Après s'être embrassés, les deux époux sautèrent par-dessus un balai.

« Pourquoi font-ils cela ? s'étonna Bess.

— C'est une vieille tradition, qui remonte à l'époque où il y avait encore des esclaves en Amérique, expliqua Alice. La loi n'autorisait pas les Noirs à se marier. Aussi, les jeunes couples qui désiraient officialiser leur union avaient établi ce rituel : en présence de leurs familles et amis, ils sautaient par-dessus un balai pour symboliser leur passage dans la vie matrimoniale.

— Quelle belle image…, s'émerveilla son

amie. Tu sais, je réfléchis beaucoup à mon propre mariage. Finalement, j'ai renoncé au thème médiéval. Je préfère l'idée d'une cérémonie internationale. Je porterai un kimono de soie, mon fiancé sera vêtu de l'habit de lumière des toreros, et nous servirons des sushis japonais, des tapas espagnols, des tandooris indiens, des tacos mexicains et…

— Bess ! intervint Alice, cachant mal son envie d'éclater de rire.

— Non, non, je suis très sérieuse. »

Kanisha et Malcolm quittèrent le kiosque pour se mêler à la foule de leurs invités. Alice constata que M. Partridge se tenait à l'écart, la mine toujours aussi déconfite. Elle remarqua également trois jeunes gens qui avançaient dans sa direction. Chacun portait une lourde valise en cuir patiné.

« Salut, c'est nous les musiciens, annonça l'un des garçons avec désinvolture. C'est ici qu'on s'installe ? »

Bess le dévisagea.

« Les musiciens ? Mais je croyais que vous deviez être huit à jouer ! »

Les trois copains s'interrogèrent du regard, puis s'esclaffèrent.

« Quoi ? lança le deuxième. On est bien là

pour l'anniversaire de Bobby Miller, non ?

— Euh… pas vraiment, répliqua Alice. Ici, c'est le mariage Partridge-Quinn.

— Sans blague ! s'exclama le troisième, apparemment ennuyé. Hé ! les gars… On dirait que Davey ne nous a pas envoyés au bon endroit.

— Qui est Davey ? voulut savoir Bess.

— Notre agent », répondit le jeune homme.

Alice se tourna vers son amie.

« Je parierais que ce Davey est également l'agent du groupe initialement prévu pour la cérémonie. Il a dû intervertir les deux commandes par mégarde.

— Je cours chercher Mandy, proposa Bess. La pauvre, elle va avoir une attaque ! »

Les trois musiciens la suivirent jusqu'à la maison, afin de passer un coup de téléphone. Quant à Alice, elle continua seule à installer la scène ; de temps à autre, elle ne pouvait s'empêcher de regarder en direction du bois, redoutant une nouvelle apparition du fantôme.

Si l'individu masqué était responsable du sabotage de l'estrade, alors il fallait définitivement disculper M. Partridge. Celui-ci ne pouvait se trouver en deux endroits à la fois… Or, Alice l'avait vu au milieu des invités au moment de l'incident.

« Peut-être y avait-il plusieurs coupables ? » songea-t-elle, revenant à une hypothèse précédente. Freddy Ewing d'une part, M. Partridge de l'autre. Toutefois, cette théorie n'expliquait pas la présence du revenant lors des deux mariages. À moins que le criminel soit en réalité une troisième personne, totalement indépendante des deux premiers suspects…

Une voix interrompit le fil de ses pensées :

« Vous ici ! Si je m'y attendais… »

Alice se retourna et reconnut Kevin Royko, le jeune homme qui avait manifesté le désir de danser sur les tables, au mariage de Libby et Charles. Il portait un costume léger à fines rayures bleues et blanches, ainsi qu'une cravate fantaisie à motifs de canards.

« Deux invitations dans le même week-end…, s'étonna Alice. Vous devez avoir beaucoup d'amis !

— Des amis, oui…, admit Kevin, un large sourire éclairant son visage moucheté de taches de rousseur. Mais il me manque une *petite* amie ! C'est dur d'assister à tous ces mariages romantiques quand on est un cœur solitaire… »

Alice eut très nettement l'impression qu'il cherchait à flirter avec elle. N'ayant pas les mêmes intentions, elle se hâta de changer de sujet.

« Comment avez-vous connu les mariés ?

— Les parents de Kanisha sont de vieilles connaissances des miens », répliqua le jeune homme.

D'un signe du menton, il désigna le kiosque à musique.

« Que pensez-vous de ce bizarre accident ? C'est incroyable, non ?

— Oui, je plains sincèrement Kanisha et Malcolm. Mais je ne suis pas certaine que l'on puisse parler d'un *accident*. »

Tout à coup, elle se rendit compte que les invités se dirigeaient en masse vers les buffets et qu'on l'attendait sûrement en cuisine pour servir les amuse-gueule.

« Excusez-moi, dit-elle, mais je suis obligée d'écourter notre conversation. La réception commence et il faut que je retourne au travail.

— Bien sûr, acquiesça Kevin. À plus tard... »

Elle regagna en vitesse la cuisine, où elle retrouva Marion, Bess, Mandy et Daphné. Cette dernière paraissait contrariée.

« Mes canapés vont être complètement ramollis… Comment se fait-il que la célébration ait autant traîné ?

— Tes canapés se portent comme des charmes », certifia sa sœur en lui tapotant affectueusement l'épaule.

Puis, apercevant Alice, la jeune femme lui fit signe d'approcher.

« Bess m'a mise au courant du problème, à propos de l'orchestre, et j'ai aussitôt appelé l'agent. Tout est arrangé. Les musiciens prévus seront là dans une demi-heure. En attendant, pourriez-vous aller chercher les cassettes qui sont rangées dans la boîte à gants de ma voiture ? Nous les passerons pour faire patienter les convives.

— Je m'en occupe tout de suite », répondit Alice.

Elle prit les clés que Mandy lui tendait et se rendit sur le parking. Là, elle identifia aisément le véhicule de Mandy et trouva les cassettes à l'endroit indiqué.

En se redressant, elle entrevit, dans une camionnette grise garée non loin de là, Kevin Royko en grande conversation avec une dame âgée.

Intriguée, elle tenta de distinguer les traits

de la femme et, soudain, elle la reconnut : c'était la visiteuse qu'elle avait croisée dans le couloir, devant le tableau signé *Winslow Homer* ! Ce matin, elle portait des lunettes noires mais, maintenant qu'elle les avait ôtées, son visage n'était pas étranger à Alice. La jeune détective fouilla dans ses souvenirs : s'agissait-il d'une amie ou d'une cliente de son père ? D'une ancienne voisine ? Elle eut beau se torturer les méninges, le mystère demeura entier.

« Laisse tomber, se réprimanda-t-elle intérieurement. Mandy attend impatiemment ses cassettes… »

La boîte de cassettes sous le bras, elle courut jusqu'au manoir. Au loin, elle distingua la foule des invités, agglutinés autour des buffets. Bess et Marion servaient les apéritifs et les canapés.

Une minute plus tard, elle atteignit la cuisine. Arrivée devant la porte, toutefois, elle pila net. Des éclats de voix lui parvenaient de l'intérieur ; apparemment, Daphné et sa sœur se disputaient violemment.

« Écoute, ce n'est vraiment pas le moment de mettre ce sujet sur le tapis ! lança Mandy, d'un ton furieux.

— Avec toi, ce n'est *jamais* le moment ! riposta Daphné avec la même aigreur. Tu refuses d'entendre ce que j'ai à te dire, c'est tout… Eh bien tant pis, je lâche le morceau : un jour ou l'autre, et peut-être plus tôt que tu ne le penses, tu vas regretter tout ce que tu m'as fait subir ! »

Alice resta stupéfaite. Daphné venait bel et bien de proférer des menaces à l'encontre de sa sœur… Mais pourquoi ?

Soudain, elle eut une intuition fulgurante — et très déplaisante. Daphné serait-elle responsable des sabotages ? Sa rancœur envers Mandy était-elle assez forte pour la pousser à mettre en péril son entreprise en gâchant tous les mariages ?

8
Prises au piège

La jeune détective médita longuement cette nouvelle hypothèse. Daphné semblait en vouloir très sérieusement à son aînée. Mais aurait-elle été capable de commettre ces actes de malveillance — et, qui plus est, de mettre la vie d'Alice en danger ?

« Tes récriminations attendront, reprit Mandy froidement. Pour l'instant, le travail m'appelle, toi aussi d'ailleurs. Conduis-toi en professionnelle et montre-toi à la hauteur de ta tâche. Ne me fais pas regretter de t'avoir engagée. »

Sans attendre la réponse de sa cadette, la jeune femme pivota sur ses talons et quitta la cuisine ; en croisant Alice, elle lui adressa un rapide coup d'œil tendu. Si la présence de son assistante la surprenait, elle n'en laissa rien paraître.

Lorsque Mandy eut disparu au bout du couloir, Alice entra dans la cuisine. Un délicieux parfum de chocolat amer l'accueillit. Debout devant le plan de travail, Daphné s'efforçait de nouer un ruban autour d'un ananas. Son visage était rouge et elle marmonnait.

Bien décidée à découvrir la raison de l'altercation qu'elle avait surprise, Alice chercha à aborder le sujet de manière détournée.

« Daphné ? lança-t-elle d'un ton dégagé. Tout va bien ?

— Bien ? répliqua la jeune femme. Ce n'est pas exactement le mot... »

Elle essuya son front moite du revers de sa manche, puis entreprit d'évider le centre de l'ananas.

« Je vous ai entendue parler avec votre sœur... », insista Alice.

Daphné leva vers la détective un regard inquisiteur.

« Ah ? Qu'avez-vous entendu, au juste ?

— Seulement des bribes de phrases, et

encore, pas très distinctement. Mais j'ai eu l'impression que vous vous disputiez. »

Après avoir dévisagé un long moment son interlocutrice, la sœur de Mandy soupira profondément.

« Inutile de vous mentir, nous nous sommes effectivement querellées. Mandy se prend pour la femme d'affaires du siècle ! Elle ne me laisse aucune initiative, et je dois toujours exécuter ses ordres à la lettre. D'ailleurs, c'est elle qui m'a quasiment forcée à me lancer dans la carrière de traiteur à domicile… Elle voulait que j'exerce enfin un métier "respectable", comme elle dit ! »

Alice fronça les sourcils.

« Comment a-t-elle pu vous forcer ? »

Apparemment embarrassée par la question, Daphné eut un geste évasif de la main.

« Oh… je lui devais un peu d'argent… En fait, une somme assez importante. Elle m'a promis d'effacer ma dette si je renonçais à mon emploi à mi-temps pour créer ma propre société. Elle a même proposé de prendre à sa charge les frais de lancement de Mets de gourmets.

— Pourquoi Mandy se préoccupe-t-elle tant de votre carrière ? »

Daphné secoua la tête pour manifester son exaspération.

« Si je le savais... Parce qu'elle veut toujours tout régimenter, je suppose ! En tout cas, je ne supporte plus son comportement tyrannique. Je ne demande qu'une chose : qu'elle me fiche la paix ! »

Avant de devenir traiteur, se souvint Alice, Daphné avait exercé une ribambelle de professions — parmi lesquelles, charpentier et mécanicien. Ce qui signifiait qu'elle disposait des compétences requises pour saboter le plancher d'une estrade et remplacer le liquide lave-glace d'une automobile par de la peinture rouge...

Toutefois, c'était un individu du sexe masculin qu'Alice avait vu s'enfuir avec les cadeaux de mariage. Si Daphné était réellement la coupable, fallait-il en déduire qu'elle avait un complice ? Ou alors, s'agissait-il de méfaits isolés commis par des personnes totalement étrangères les unes aux autres ? Ce mystère devenait d'heure en heure plus inextricable...

La tête de Bess apparut dans l'embrasure de la porte.

« Alice ? Mandy m'a chargée de récupérer les cassettes. »

La jeune détective considéra la boîte qu'elle tenait encore entre ses mains.

« Mon Dieu ! Les cassettes… je les avais complètement oubliées… Laisse, je vais les lui apporter moi-même. »

Après avoir salué Daphné, elle suivit son amie jusqu'au jardin et en profita pour l'informer de ses dernières réflexions.

« Incroyable…, souffla Bess. Comment imaginer que deux sœurs puissent se détester à ce point ?

— Ce n'est qu'une théorie, tempéra Alice. Aussi, pour l'instant, je préfère ne pas en parler à Mandy. Toi qui es son employée depuis plusieurs mois, que sais-tu de ses relations avec sa cadette ? »

Bess fit une moue d'impuissance.

« Rien, à vrai dire. C'est la première fois que Daphné travaille avec sa sœur. Auparavant, Mandy a peut-être mentionné son nom une fois ou deux, mais c'est tout.

— C'est bizarre… », estima Alice, intriguée.

Pour sa part, Bess paraissait songeuse.

« Le prochain mariage aura lieu ce soir… Si Daphné a saboté les deux premiers, crois-tu qu'elle récidivera pour le troisième ?

— Certainement ! » affirma son amie d'un air sombre.

Puis, consultant sa montre :

« La cérémonie démarre à vingt heures, et nous sommes convoquées à dix-huit heures, c'est bien cela ? Pourquoi n'arriverions-nous pas avec une heure d'avance ? Cela nous permettrait de surveiller Daphné, à tour de rôle, et de voir un peu ce qui se trame aux alentours.

— Si tu veux, concéda Bess, un peu à contrecœur. De toute façon, le week-end est fichu, avec tous ces mariages. Alors une heure de plus ou une heure de moins... Au fait, j'ai croisé ce garçon craquant avec qui tu discutais hier, Kevin je-ne-sais-plus-quoi. Il est vraiment super sympa ! »

Alice acquiesça, pensive.

« Kevin Royko... Quand l'as-tu rencontré ?

— À l'instant, en venant te chercher. Il s'est approché de moi, s'est présenté et m'a invitée à danser. Quand je lui ai dit que je n'entendais pas de musique, il a rétorqué : “Et alors ? Ça n'empêche pas de danser !” »

Bess émit un petit rire de gorge.

« C'est drôle, tu ne trouves pas ?

— Hmmm… Ce Royko est un type étrange, en tout cas », jugea Alice.

« Tu te souviens de la controverse dont je t'ai parlé, concernant River House ? demanda James Roy à sa fille. Après ton départ, ce matin, toute l'affaire m'est revenue en mémoire. »

L'avocat marqua une pause pour porter sa tasse à ses lèvres. Assis dans le salon, le père et la fille buvaient du thé tout en dégustant les délicieux muffins aux myrtilles confectionnés par Sarah. Il était seize heures passées, et Alice goûtait un repos mérité avant de reprendre la route du manoir pour le troisième mariage du week-end.

« Raconte vite, supplia la jeune fille, impatiente de connaître l'histoire.

— Il s'agit d'un fait divers que j'avais lu dans le journal, il y a quelque temps. Poussé par la curiosité, je me suis rendu à la bibliothèque juste après le déjeuner pour consulter la presse de ces derniers mois. J'ai trouvé tout de suite ce que je cherchais. »

De sa poche, M. Roy sortit une feuille de papier pliée en quatre.

« J'ai photocopié l'article à ton intention,

reprit-il. Mais je vais t'en retracer les grands traits. Le manoir de River House a été construit en 1886 par un banquier, Joseph Merrill, et sa femme Jeanine. Il y a encore peu de temps, la propriété était occupée par leur petite-fille, Grace Merrill Sayer, et son mari, Isaiah Sayer. Grace en avait hérité de ses parents, qui eux-mêmes la tenaient de Joseph et Jeanine.

— Grace Merrill, c'est bien la camarade de classe de Sarah ? » se fit préciser Alice.

Son père hocha la tête en signe d'assentiment.

« Apparemment, oui. Toujours est-il que, il y a un an ou deux, Grace et Isaiah ont subi un revers de fortune et ont dû hypothéquer la maison pour payer leurs dettes. En fin de compte, comme ils n'ont jamais pu rembourser l'hypothèque, la demeure est échue à la municipalité de River City. Entre-temps, Isaiah Sayer est décédé et Grace a engagé une procédure dans le but de récupérer son bien. Mais elle a perdu le procès — et la maison.

— Pauvre femme..., compatit Alice. Tant d'épreuves à la fois...

— La ville a cherché à vendre le manoir aux enchères, continua l'avocat. Mais aucun acheteur ne s'est présenté, car les frais d'entretien d'une telle propriété sont considérables. Aussi, le conseil municipal a-t-il voté des crédits pour remeubler la maison et la louer pour toutes sortes de réceptions, mariages et autres.

— Je vois…

— À ce que je sais, cette initiative rencontre un vif succès. Le carnet de réservations est plein jusqu'à l'automne.

— Cela ne m'étonne pas, remarqua Alice, cet endroit est vraiment magnifique. »

La porte d'entrée s'ouvrit et Sarah apparut, portant son panier à provisions rempli de victuailles.

« Coucou, vous deux ! lança-t-elle avec sa bonne humeur coutumière.

— Veux-tu que je t'aide à ranger les courses ? proposa Alice.

— Non, non, je peux me débrouiller seule. Au fait, Alice, as-tu trouvé le message que je t'ai laissé ? »

La jeune fille secoua la tête en signe de dénégation.

« Non. On m'a appelée ?

— Mon Dieu… », murmura la gouvernante.

Elle disparut dans la cuisine et revint l'instant

d'après, tendant une feuille de bloc-notes à Alice.

« Mandy Applebaum a téléphoné. Plutôt que d'arriver à six heures, Bess, Marion et toi, elle voudrait que vous passiez au 55, Excelsior Street pour prendre livraison d'un colis destiné au mariage.

— 55, Excelsior Street..., répéta la jeune détective. C'est dans le centre-ville, si je ne m'abuse.

— Je crois, oui, répondit Sarah. Dis donc, est-ce que je connais cette Mandy ? Sa voix m'a paru familière...

— Elle a appelé ici plusieurs fois... Je ne vois pas d'autre explication. »

Sarah retourna dans la cuisine pour déballer ses achats, et Alice reprit le fil de sa conversation avec son père.

« Ainsi, voilà l'histoire de River House... Sait-on ce qu'il est advenu de Grace Merrill Sayer ?

— Non, pas à ma connaissance. Mais je suis prêt à parier que l'endroit où elle vit actuellement est loin de posséder la classe de son ancienne demeure... »

Une demi-heure plus tard, les trois amies roulaient en direction d'Excelsior Street, dans l'automobile de Bess. La Mustang d'Alice était toujours immobilisée au garage. En cette fin d'après-midi, le soleil luisait encore avec ardeur.

Un plan de la ville déplié sur les genoux, Marion faisait office de copilote.

« Hawthorne Boulevard… c'est bon. Tu prendras la prochaine à gauche. »

Bess actionna la manette du clignotant.

« Je me demande ce que Mandy nous envoie chercher dans Excelsior Street…, remarqua-t-elle.

— En tout cas, ce doit être lourd, car elle a précisé que nous devions nous y rendre toutes les trois », renchérit Alice.

Bess tourna à gauche comme convenu ; au bout de quelques dizaines de mètres, le voisinage se fit plus clairsemé. Des terrains vagues, clos de fils de fer barbelés, succédaient à des immeubles décrépits dont les façades étaient maculées de graffiti. Aucune présence humaine ne venait égayer ce paysage de désolation.

« Drôle d'endroit…, estima Marion. On n'aimerait pas s'y promener seule à la nuit tombée. »

Soudain, Alice avisa une plaque de rue.

« *Excelsior Street*... Tourne ici, Bess. »

La conductrice suivit les directives et, bientôt, le numéro 55 se présenta à leurs yeux. C'était un entrepôt de brique tout délabré, envahi par les herbes folles, qui occupait la moitié d'un pâté de maisons. Aucune enseigne n'indiquait la nature de l'entreprise.

Bess descendit du véhicule et posa un pied sur le pavé craquelé du trottoir.

« Je ne sais pas ce que vous en pensez, balbutia-t-elle, mais cet endroit me donne froid dans le dos.

— Tu as raison, approuva Marion. On ne fait pas plus glauque...

— Ne perdons pas de temps », conseilla Alice en sortant à son tour de la voiture.

Elle avança jusqu'à la porte, écrasant au passage un tesson de bouteille, et frappa d'un geste décidé. Il n'y eut aucune réponse.

Déconcertée, elle tourna la poignée et, contre toute attente, la porte pivota sur ses gonds. En franchissant le seuil, elle se retrouva dans un vaste entrepôt au sol couvert de poussière et de débris divers. Rien ne laissait présager une présence humaine.

Les deux cousines l'avaient suivie, mal à l'aise.

« Mandy a dû se tromper d'adresse, jugea Marion. Essayons de trouver une cabine téléphonique pour l'appeler.

— Bonne idée, répliqua Alice. J'en ai vu une sur Hawthorne Street, à une centaine de mètres d'ici. »

Revenant sur leurs pas, elles s'approchèrent de la porte d'entrée ; mais, soudain, celle-ci claqua violemment.

« Hé ! protesta Marion. Qu'est-ce que ça signifie ? »

Bess courut jusqu'à la sortie mais, lorsqu'elle actionna la poignée, celle-ci résista. La jeune fille fit volte-face, offrant à ses amies un visage décomposé.

« Alice, Marion… On nous a enfermées ! Nous sommes prises au piège ! »

9

Le bal noir et blanc

« Comment cela, prises au piège ? » s'indigna Marion.

Incrédule, elle rejoignit Bess pour, à son tour, tenter d'ouvrir la porte.

« Attends un peu… »

Mais Marion n'eut pas davantage de succès que sa cousine. Elle eut beau agiter la poignée en tout sens, donner des coups d'épaule et même exécuter quelques puissantes figures de karaté, le verrou ne céda pas.

« Je manque d'entraînement, conclut-elle, tout essoufflée. Alice, j'espère que tu as emporté ton attirail de serrurier… »

Son amie secoua la tête en signe de dénégation. Approchant à son tour, elle se mit à genoux pour étudier de près le bouton de la porte.

« Le fantôme nous a suivies jusqu'ici et nous a enfermées… », lança Bess, gagnée par la panique.

Au lieu de rassurer son amie par des paroles réconfortantes, la jeune détective posa un doigt sur ses lèvres. Elle avait distinctement entendu un moteur de voiture qui démarrait. Le vrombissement ne provenait pas d'Excelsior Street, mais de l'autre extrémité de l'entrepôt. Aussitôt, elle se releva et traversa le vaste espace au pas de course. Elle déboucha sur une fenêtre à petits carreaux, sale et toute de guingois, juste à temps pour apercevoir une guimbarde jaune, rongée par la rouille, qui s'éloignait au fond d'une allée.

Se dévissant le cou, elle chercha à lire la plaque d'immatriculation ; mais la voiture était déjà trop loin.

Ses deux amies la rejoignirent sans attendre.

« Que se passe-t-il ? s'enquit Bess, un peu inquiète.

— Je crois que c'était notre prétendu revenant — ou l'un de ses complices, expliqua Alice. Voilà mon idée : l'individu que nous recherchons a appelé chez moi et a laissé un message à Sarah, afin de nous attirer en ce lieu. Ensuite, comme tu l'as imaginé, Bess, il nous a filées jusqu'ici et nous a enfermées dans cet entrepôt désaffecté.

— Je me disais bien que Mandy ne pouvait pas nous avoir envoyées dans un endroit pareil..., répliqua Marion. Et si c'était Daphné qui avait passé ce coup de téléphone, en se faisant passer pour sa sœur ? Elles ont des voix très semblables, toutes les deux.

— Exact, confirma Alice. Mais je ne comprends toujours pas pourquoi Daphné — ou quelqu'un d'autre — chercherait à nous séquestrer. »

Bess jetait des regards furtifs tout autour d'elle.

« Moi, je voudrais bien savoir comment nous allons sortir d'ici ! »

Pendant près d'une heure, les trois amies employèrent toute leur énergie et leur réflexion à essayer de trouver une issue. Il était impossible de briser une vitre, car toutes les fenêtres étaient équipées de barres de sécurité ; quant aux portes, elles étaient verrouillées à l'aide de cadenas et de chaînes.

Alors qu'Alice et Marion fouillaient l'entrepôt dans l'espoir de dénicher des outils qui leur permettraient de faire sauter les barres de sécurité, Bess s'approcha d'une fenêtre.

« On pourrait essayer de crier... Au secours ! AU SECOURS !

— Allons, Bess, protesta Marion, tu te fatigues pour rien. Personne ne t'entendra, nous sommes coincées au milieu de nulle part. »

Alice ramassa quelques vis rouillées, abandonnées sur le sol, et les observa d'un œil absent avant de les laisser retomber à terre. Découragée, désespérée... il n'y avait pas d'autres mots pour décrire son état. Enfermées dans un entrepôt désert, au sein d'une zone insalubre et inhabitée de la ville, elles tournaient en rond ; et, pendant ce temps, à River House, le criminel préparait probablement un nouveau méfait pour la soirée...

Soudain, la jeune détective remarqua un détail qui lui avait échappé jusqu'alors. Les barres de sécurité de l'une des fenêtres paraissaient tordues. Elle s'approcha pour vérifier ; la fenêtre, située à un mètre cinquante environ du sol, était rongée par la rouille, de même que les barres métalliques qui la maintenaient fermée.

« Marion ! Bess ! s'écria-t-elle. J'ai trouvé une issue ! »

Tandis que ses amies accouraient, la jeune détective essaya de débloquer le pêne ; mais la corrosion avait en quelque sorte cimenté l'ouverture. Bien décidée à parvenir à ses fins, Alice ôta l'une de ses chaussures.

« Reculez », conseilla-t-elle aux deux cousines.

Repliant le bras derrière l'épaule, elle prit son élan pour projeter son soulier en plein milieu de la vitre. Le verre se brisa net, dans un fracas cristallin.

Puis, la jeune fille écarta soigneusement les éclats de verre restés sertis dans la fenêtre, afin de dégager un passage suffisamment large pour pouvoir s'y glisser.

« Une volontaire pour me faire la courte échelle ? » demanda-t-elle.

Marion offrit aussitôt ses services et, joignant les mains, présenta un marchepied de fortune à son amie. Alice prit appui sur les paumes de Marion et se hissa jusqu'au rebord de la fenêtre, en prenant garde de ne pas se couper. Une fois stabilisée, elle parvint à arracher les barres de sécurité et, quelques secondes plus tard, elle sautait sur le trottoir, enfin libre.

Sans perdre un instant, elle ramassa le soulier qui lui avait servi de projectile et courut jusqu'à la porte du bâtiment, qu'elle ouvrit en grand. De l'autre côté, Bess et Marion l'attendaient.

« Voilà une affaire rondement menée, commenta Marion. Sans ton regard de lynx, on aurait pu moisir ici plusieurs jours. »

Les yeux bleus de sa cousine s'écarquillèrent, sous l'effet de la consternation.

« Plusieurs jours ?... Quelle horreur ! »

Alice les rappela à l'ordre en montrant du doigt la voiture de Bess.

« Bon, ce n'est pas tout. Maintenant que nous sommes libres, nous devons nous dépêcher d'arriver à River House. On a voulu nous écarter... raison de plus pour être sur le terrain et ouvrir l'œil. Le coupable va certainement encore frapper ce soir ! »

Au manoir, elles trouvèrent Mandy dans la salle de bal. Grimpée au sommet d'une échelle, la jeune femme suspendait des rubans de soie noirs et blancs au plafond. En l'apercevant, Alice se souvint que le buffet et le grand bal qui s'ensuivrait étaient placés sous le signe de ces deux couleurs.

En découvrant les trois amies, l'organisatrice de la noce dégringola fiévreusement les marches de son escabeau pour se ruer vers elles.

« Où aviez-vous disparu ? s'enquit-elle, totalement stressée. Il est six heures passées et il reste encore des millions de choses à faire ! Je...

— Je vais tout vous expliquer, l'interrompit Alice. En début d'après-midi, vous avez laissé un message chez moi pour que, toutes les trois, nous prenions livraison d'un colis au 55, Excelsior Street. »

Voyant son interlocutrice, stupéfaite, sur le point de démentir son affirmation, Alice se hâta d'enchaîner :

« En réalité, ce n'était pas vous qui appeliez, mais une personne qui s'est fait passer pour vous. Au 55, Excelsior Street, nous avons trouvé un entrepôt désaffecté. À peine y avions-nous pénétré que la porte s'est refermée derrière nous. Il a fallu que nous brisions une fenêtre pour nous échapper... »

Les yeux bruns de Mandy se posèrent tour à tour sur les trois jeunes filles.

« Mon Dieu !... s'exclama-t-elle, horrifiée. Mes pauvres petites, vous avez dû vous ronger les sangs... Vous n'êtes pas blessées, au moins ?

— Non, tout va bien, la rassura Marion.

— Cette personne qui vous a téléphoné, Alice... avez-vous pu l'identifier ? »

La jeune détective secoua la tête.

« Non, malheureusement. C'est ma gouvernante qui a reçu l'appel, moi je n'ai pas entendu la voix en direct. En tout cas, le coupable était bien informé : il savait que nous étions convoquées ici à dix-huit heures. »

Mandy resta songeuse un moment.

« À part nous quatre, je ne vois pas qui aurait pu être au courant de ce détail... Et Daphné, bien entendu. Elle connaît les horaires comme moi. »

Les trois amies échangèrent des coups d'œil complices.

« Au fait, interrogea Alice du ton le plus anodin, où est votre sœur ?

— Dans la cuisine. Ce repas en noir et blanc lui donne un mal de chien. »

Fouillant dans sa poche, Mandy en extirpa

un menu imprimé en lettres élégantes, qu'elle présenta aux jeunes filles. La liste des mets les impressionna :

Olives noires et fromage de chèvre
Terrine de sole aux truffes
Soupe de haricots noirs à la crème
Moules au vin blanc
Raie au beurre noir
Arroz con calamares en su tinta
Poularde en demi-deuil
Couscous au raisin noir
Aubergines marinées au yaourt
Salade aux asperges blanches
Sorbet à la noix de coco
Forêt-Noire

En étudiant le menu, Marion grimaça.

« *Calamares,* ce sont des encornets, je suppose ? Beurk ! Je me demande comment on peut avaler ça !

— Détrompez-vous, répliqua Mandy, c'est un mets absolument délicieux : on fait cuire du riz dans l'encre des calamars, et il devient entièrement noir.

— De l'encre ? » répéta Bess, dégoûtée elle aussi.

Mandy rangea le menu dans sa poche.

« Le mariage de ce soir est un grand défi pour Daphné — pour moi également. Les mariés, Bettina Li et Stone Hanson, viennent de New York. Elle travaille dans un magazine de mode très branché et lui tient une galerie d'art. Ce sont des personnes... comment dire ? un peu excentriques. Ils ont imaginé un mariage hors du commun, et il faut que nous soyons à la hauteur.

— Pourquoi des New-Yorkais viennent-ils se marier à River City ? s'étonna Bess.

— Bettina a passé toute son enfance ici, et sa mère y habite toujours.

— Écoutez, Mandy, commença Alice d'une voix posée, je sais que le travail ne manque pas, mais je crois qu'il serait utile que je consacre un peu de temps à explorer la maison, pour m'assurer que tout est en ordre. Selon moi, l'individu qui nous a emprisonnées dans l'entrepôt cherchait à nous neutraliser, afin d'avoir les coudées franches pour perpétrer un nouveau méfait. »

Mandy pâlit.

« Vous voulez dire qu'une seule et même personne est responsable des sabotages et de votre séquestration ? Et qu'elle a l'intention de récidiver ce soir ? »

Marion acquiesça solennellement :

« La réponse est : oui, aux deux questions.

— Dans ce cas, trancha Mandy, ne perdez pas un instant, Alice. Et faites donc appel à Rafe pour vous seconder. Vous devriez le trouver dans son bureau. »

Puis elle se tourna vers les deux cousines.

« À nous trois, nous nous chargerons des derniers préparatifs. Bess, pouvez-vous aller voir en cuisine si Daphné a besoin de votre aide ? Quant à vous, Marion… voyons… il reste à accrocher ces décorations et à veiller à ce que la mariée ne manque de rien. »

Tandis que Mandy donnait ses instructions à Marion, Alice se pencha à l'oreille de Bess.

« Quand tu seras avec Daphné, chuchota-t-elle, surveille-la discrètement, d'accord ? Elle reste notre principal suspect, pour le moment, et je veux éviter qu'elle mijote un mauvais coup.

— Entendu, approuva son amie en exécutant un petit salut. Tu peux compter sur moi, je ne la quitterai pas d'une semelle. »

Alice se dirigea ensuite vers l'entresol, où

elle trouva le bureau de la sécurité fermé. Elle frappa trois petits coups.

« C'est moi, Alice Roy, annonça-t-elle.

— Entrez donc », lui cria le vigile.

En pénétrant dans la pièce, la jeune fille découvrit Rafe penché sur sa table, griffonnant rageusement sur une feuille de papier.

« Comment écrivez-vous *kiosque* ? demanda-t-il sans lever le nez.

— K-I-O-S-Q-U-E », épela Alice.

L'homme continua à noircir son papier pendant une bonne minute, puis reposa son stylo et se consacra à sa visiteuse.

« Désolé de vous avoir fait attendre, s'excusa-t-il. Il fallait que je termine mon rapport au sujet des dommages causés au kiosque. Enfin bon… que puis-je pour votre service ? Ne me dites pas qu'il y a eu un nouvel incident…

— Pas encore, expliqua Alice, mais je crains que le coupable ne prépare un nouveau méfait. C'est pourquoi j'ai l'intention de fouiller la maison de fond en comble avant le début du mariage, pour parer à toute éventualité.

— C'est précisément ce que je comptais faire, répondit Rafe en se levant et en repoussant sa chaise. Mais deux paires d'yeux valent mieux qu'une. On n'a qu'à commencer par le rez-de-chaussée, on montera ensuite à l'étage. »

Une heure durant, ils inspectèrent la demeure, mais ne découvrirent pas le moindre indice suspect. Leur tour achevé, ils dressèrent un bilan dans le grand hall d'entrée.

« Il ne reste plus que la chambre d'Or, indiqua Alice. Il vaut mieux que je m'en charge seule, car la mariée et ses demoiselles d'honneur sont certainement en train de s'y habiller. J'en profiterai pour jeter un coup d'œil dans le passage secret.

— Très bien, acquiesça Rafe. Prévenez-moi en cas de besoin… Je serai à mon bureau. »

Tout en gravissant l'escalier, la jeune détective se repassa en mémoire les principaux événements du week-end. La veille, il y avait eu l'apparition du revenant, et le vol raté des cadeaux de mariage ; ce matin, elle avait frôlé de près un accident de la route puis, lors du mariage de Kanisha et Malcolm, s'étaient produits le saccage de la robe de la mariée, une seconde apparition du fantôme, enfin l'effondrement de l'estrade.

Pour finir, cet après-midi, quelqu'un avait attiré Alice et ses amies dans l'entrepôt d'Excelsior Street et les y avait enfermées.

« Qui peut bien se cacher derrière toutes ces actions criminelles ? s'interrogea Alice. Et quel plan odieux le coupable a-t-il manigancé pour la soirée ? »

Au moment de frapper à la porte de la chambre d'Or, elle entendit un cri perçant.

« Ma robe ! Que s'est-il passé ? » hurla une voix féminine.

Alice poussa la porte avec appréhension. Dans la pièce, se tenait Bettina Li, la mariée, une jeune femme à la silhouette de mannequin. Fourrageant nerveusement ses cheveux bruns coupés court, elle paraissait au bord de l'hystérie. Mandy et Marion l'entouraient.

À genoux devant la mariée, Mandy examinait la robe, un modèle sans bretelles de couleur ivoire. La jupe ample contrastait avec le bustier cintré, couvert de minuscules perles.

« Tout va bien ? » demanda Alice, feignant l'innocence.

La maîtresse de cérémonie leva vers elle un regard soucieux.

« Oh ! Alice… c'est vous. Je vous présente Bettina Li. Bettina, voici Alice R…

— Ce serait la présidente des États-Unis que ça ne changerait rien ! vociféra la mariée. Vous ne voyez pas que ces perles se cassent la figure ? Dire que j'ai payé cinq mille dollars pour ce… cette ruine ! »

Avec un calme exemplaire, Mandy rassura la jeune femme.

« Je vais vous réparer ça, Bettina, ce n'est pas grand-chose. Dans ma trousse d'urgence, j'ai un tube de colle extra-forte à laquelle rien ne résiste. »

Tandis que Mandy et Bettina s'intéressaient à la robe, Marion prit Alice à part.

« Alors, ces recherches ? As-tu découvert des indices ? »

La jeune détective secoua la tête.

« Aucun… Mais cela ne signifie pas que notre saboteur ait renoncé. Il faut encore que je vérifie le passage secret. »

À cet instant, Bess apparut dans l'embrasure de la porte. Elle agitait frénétiquement les bras, pour inciter ses amies à la rejoindre dans le couloir. Alice et Marion se regardèrent, interloquées, puis quittèrent la pièce à pas de loup. Marion referma la porte derrière elles.

« Qu'est-ce qui t'arrive ? s'enquit Alice. Pourquoi n'es-tu pas dans la cuisine avec Daphné ?

— Justement !... rétorqua Bess, affolée. Je la surveillais sans relâche, et il a suffi que je tourne le dos une seconde — même pas, une *fraction* de seconde ! — pour qu'elle s'évapore.

— Comment ? s'indigna Marion. Tu l'as laissée filer ? »

La pauvre Bess leva les bras en signe d'impuissance.

« Je n'y comprends rien moi-même... Mais si Daphné est bel et bien à l'origine de tous les sabotages, elle se prépare peut-être à recommencer. Et tout cela, par ma faute...

— Allons, Bess, la rassura gentiment Alice, ne te mets pas dans tous ces états. L'important, maintenant, c'est de la retrouver. Marion, peux-tu rester avec Mandy et Bettina pendant que Bess et moi partons sur les traces de Daphné ? »

Le visage de Marion s'allongea en une grimace affreuse.

« Dis plutôt : Mandy et la mariée infernale ! Pourquoi faut-il toujours que j'hérite des tâches les plus ingrates ?

— Courage, tu survivras !... » plaisanta Alice, avec un large sourire.

En compagnie de Bess, la jeune détective descendit à la cuisine, pour s'assurer que Daphné n'y était pas retournée dans l'intervalle. Mais elles trouvèrent la pièce vide.

Ensuite, elles entreprirent de passer le rez-de-chaussée au peigne fin — sans plus de succès. Soudain, à travers une baie vitrée du grand salon, Alice crut distinguer une silhouette féminine, dans le jardin. À cette distance, toutefois, il lui était impossible d'identifier la femme.

« C'est peut-être Daphné..., suggéra-t-elle, en désignant à son amie la forme qui se mouvait dans l'ombre.

— Que ferait-elle dehors à cette heure ? » s'étonna Bess.

Toutes deux coururent jusqu'à la porte d'entrée et s'arrêtèrent sur le seuil. Il était plus de sept heures du soir, et le ciel se teintait de couleurs lavande et orange. Les roses et l'herbe fraîchement coupée embaumaient l'air immobile et léger.

La mystérieuse créature avait de longs cheveux bouclés et arpentait le gazon autour du kiosque à musique. Les deux amies ne voyaient que son dos. Elles approchèrent de l'estrade, qu'elles contournèrent pour mieux distinguer l'inconnue.

Apercevant son profil, Alice crut reconnaître Daphné. Elle toussota légèrement, et la femme fit volte-face. Bess poussa un cri déchirant. Devant elles, se tenait Daphné, brandissant un couteau à la lame tranchante…

10

Noir absolu

Daphné recula d'un pas, surprise par l'intrusion des deux jeunes filles. La lame du coutelas scintilla dans la lueur du soleil couchant.

« Que faites-vous ici ? demanda-t-elle.

— Nous pourrions vous poser la même question, rétorqua Alice, tout en gardant un œil méfiant sur le couteau. Et pourquoi êtes-vous sortie avec ce… cet instrument ? »

Daphné baissa les yeux vers sa main droite.

« Ça ? J'ai besoin de persil et d'estragon pour mes recettes et je me rendais au potager afin d'en couper quelques brins. »

Comme Bess la dévisageait toujours, peu

convaincue, Daphné émit un petit rire de gorge.

« Est-ce à cause du couteau que vous avez crié ? Quoi, vous trouvez que j'ai l'air d'une meurtrière sur le point de commettre un crime ? »

Alice étudia avec attention le visage de son interlocutrice. Apparemment, elle semblait sincère — mais la jeune détective savait d'expérience qu'il ne fallait pas se fier à la bonne mine des gens.

« Bien sûr que non ! protesta-t-elle d'un ton qui se voulait enjoué. Simplement, nous sommes un peu sur les nerfs ces temps derniers, avec tous les événements étranges qui se sont déroulés ici…

— Vous faites allusion au fantôme ? s'enquit la jeune cuisinière.

— Entre autres, oui. Mais s'il n'y avait que cela, on pourrait croire à une simple mystification. En revanche, mettre de la peinture rouge dans mon réservoir de liquide lave-glace et nous attirer, mes amies et moi, dans un entrepôt pour nous y séquestrer, ce n'est plus du registre de la plaisanterie de potache. Ce sont des actes criminels ! »

Daphné parut bouleversée par ces révélations.

« Mais... c'est épouvantable ! J'ignorais totalement qu'on s'en était pris à vous directement. Vous pensez que tous ces méfaits sont l'œuvre d'un seul et même coupable ?

— C'est mon sentiment », confirma Alice, guettant la réaction de la jeune femme.

Celle-ci opina du chef, consternée.

« Mon Dieu, quelle épreuve pour vous trois... À votre place, je n'hésiterais pas : je donnerais illico ma démission à Mandy. Franchement, qui aurait pu se douter qu'on risquait sa vie en proposant ses services à une organisatrice de mariages ? »

À ces mots, le visage de Bess s'illumina.

« C'est vrai, ça ! On pourrait donner notre démiss...

— Nous ne comptons pas renoncer, interrompit Alice avec une œillade réprobatrice à l'intention de Bess. Nous nous sommes engagées pour quatre mariages, et il en reste encore deux. En outre, Mandy a besoin de notre aide pour démasquer ce criminel, quel qu'il soit.

— Vous ne manquez pas de cran, commenta Daphné, admirative. Écoutez, si je peux vous être utile de quelque manière, n'hésitez pas à me mettre à contribution. Je n'ai pas vos talents de détective, Alice, mais j'adore regarder les séries policières à la télévision. C'est un bon début, non ? »

Arborant un large sourire, elle agita son couteau en l'air.

« C'est bien joli, mais j'étais partie pour chercher des herbes… À tout à l'heure dans la cuisine, Bess !

— À tout à l'heure… », répondit Bess, sans quitter des yeux le terrifiant couteau.

Les deux amies s'en retournèrent vers la maison, en empruntant un raccourci à travers l'un des parterres de fleurs vivaces, où s'épanouissaient des buissons de lilas blancs et mauves, des gueules-de-loup violettes et des hortensias aux corymbes d'un rose éclatant. Au centre du massif, on avait installé un ancien abreuvoir pour oiseaux, flanqué d'un chérubin hilare, en pierre, que la mousse commençait à faire verdir.

Malgré le charme de ce paysage bucolique, Bess restait perturbée par leur rencontre avec Daphné.

« Dis-moi, Alice…, hasarda-t-elle. Que penses-tu de la version de Daphné ?

— Je ne sais pas trop, lui confia son amie. Daphné m'a semblé réellement surprise quand j'ai mentionné le sabotage de ma voiture et l'affaire de l'entrepôt. Peut-être n'a-t-elle rien à voir dans toute cette histoire ?... »

La jeune détective soupira, manifestant sa perplexité.

« À moins que notre cuisinière ne soit également une excellente actrice, ajouta-t-elle. Après tout, elle a exercé tant de métiers... »

Elle jeta un regard par-dessus son épaule, immédiatement imitée par Bess. Mais Daphné, comme elle l'avait annoncé, cueillait effectivement des herbes dans le jardin potager.

Les jeunes filles continuèrent à avancer en silence, chacune plongée dans ses pensées. Alice, pour sa part, tentait d'élucider les derniers rebondissements de l'énigme. D'un côté, plusieurs éléments jouaient contre Daphné : elle avait un mobile — ses griefs envers sa sœur —, et avait parfaitement pu appeler chez les Roy en début d'après-midi en travestissant sa voix. En outre, du fait de ses expériences professionnelles multiples, elle avait les compétences requises pour détériorer un lave-glace et une estrade.

D'un autre côté, c'était un *homme* qu'Alice avait vu s'enfuir avec les cadeaux de mariage de Charles et Libby. Et le comportement de Daphné lors de leur dernière discussion n'était en rien suspect.

Quelle conclusion en tirer ? s'interrogea la jeune fille. Qui était le coupable — Daphné, ou quelqu'un de tout autre ?

« Ce mariage est une catastrophe ! annonça Bettina d'un air lugubre. D'abord, la robe... et maintenant, je découvre que l'ex-petite amie de Stone a eu le toupet de venir, en accompagnant l'un des amis de mon mari ! »

Mandy jeta un regard désespéré à Alice. Toutes deux se trouvaient dans le foyer attenant à la salle de bal, pour rajuster le diadème de la mariée. La cérémonie et le dîner s'étaient déroulés sans incident et, désormais, le bal noir et blanc battait son plein. L'orchestre, composé d'une douzaine de musiciens, jouait un air entraînant et, dans la grande galerie, Alice apercevait de nombreux couples qui évoluaient sur la piste de danse.

« Je suis navrée de l'indélicatesse de cette jeune femme, compatit Mandy. Mais n'oubliez pas que c'est vous que Stone épouse, et pas elle...

— Tout de même, s'entêta Bettina. Ça me met hors de moi... Et mes parents ! Vous les avez entendus, pendant le cocktail ? Depuis leur divorce, ils se sentent obligés de se lancer dans une scène de ménage chaque fois qu'ils se rencontrent en public. »

Mandy arrangea le tulle du diadème.

« Allons, allons..., tempéra-t-elle. N'y pensez plus. Voilà, vous êtes ravissante ; vous pouvez désormais retourner dans la salle de bal et profiter de la soirée. »

Avec une moue boudeuse, la jeune mariée rejoignit ses invités. Alice et Mandy restèrent un moment sur le seuil, à admirer le spectacle qui se déroulait sous leurs yeux. Dans la salle majestueuse, décorée de rubans noirs et blancs accrochés au plafond et aux balcons, les danseurs virevoltaient harmonieusement. Les hommes portaient tous un smoking noir, une chemise blanche et un nœud papillon noir ; leurs compagnes arboraient de somptueuses robes du soir, dans la même harmonie de couleurs.

« Pour l'instant, tout va bien..., confia la maîtresse de cérémonie à la jeune détective.

Le plus dur est passé, je pense. Notre saboteur fantomatique a peut-être renoncé…

— Peut-être, intervint Alice un peu sceptique. Mais ne relâchons pas notre vigilance tant que le dernier invité ne sera pas parti. »

Elle parcourut l'assemblée du regard. Soudain, une physionomie familière retint l'attention d'Alice. Un jeune homme aux cheveux châtains ondulés dansait en face d'une petite femme blonde. Il agitait les bras en l'air et se trémoussait frénétiquement, tandis que sa cavalière se déhanchait avec moins d'exubérance.

Cet homme avait pour nom Kevin Royko. Cette découverte laissa Alice stupéfaite.

Kevin avait assisté au mariage de Libby et Charles, ainsi qu'à celui de Kanisha et Malcolm ; sa présence à la troisième réception n'était assurément pas le fruit d'une simple coïncidence…

« Excusez-moi une seconde », glissa-t-elle à Mandy.

Elle pénétra dans la salle de bal et se fraya un passage entre les danseurs pour aller en référer à Bettina, qui discutait avec un petit groupe de convives. Arrivée à destination, elle manifesta sa présence en tapotant délicatement sur l'épaule de la mariée.

« Désolée de vous importuner, chuchota-t-elle, mais j'aimerais savoir si vous connaissez cet individu. »

Bettina suivit des yeux la direction que lui indiquait la jeune fille et prit un air dédaigneux.

« Vous parlez de cet énergumène qui se contorsionne comme s'il sortait tout droit de l'asile ? C'est la première fois de ma vie que je le vois — sans doute un copain de Stone. »

Après l'avoir remerciée, Alice se mit en quête du marié, qu'elle trouva devant le buffet de boissons, seul, un verre à la main. C'était un jeune homme très grand, au visage anguleux, qui portait d'épaisses lunettes cerclées de noir et un catogan pour maintenir ses cheveux blonds mi-longs.

« Pardon de vous déranger..., commença la jeune détective. Je souhaitais vous entretenir de Kevin Royko.

— Kevin comment ? » répéta Stone, perplexe.

Alice lui désigna l'individu en question.

« Cet homme qui danse avec beaucoup d'énergie... Est-ce l'un de vos amis ? »

Le marié remonta ses lunettes sur son nez, l'observa, puis secoua la tête.

« Jamais de la vie. C'est probablement Bettina qui l'a invité. Elle fréquente des tas de types excentriques. »

Après l'avoir remercié, la jeune fille prit congé sans autre commentaire. Kevin n'était peut-être qu'un de ces pique-assiette que l'on rencontre dans toutes les réceptions mondaines... Toutefois, l'intuition de la détective lui disait que la piste méritait d'être creusée.

Elle rejoignit Mandy dans le foyer et lui demanda l'autorisation de consulter la liste des invités, ainsi que celles des deux mariages précédents.

« Il y a ici un individu que j'ai déjà croisé lors du mariage de Libby et de Kanisha, expliqua-t-elle. J'aimerais m'assurer qu'il a effectivement été convié à trois reprises.

— Certainement, acquiesça aussitôt Mandy. Suivez-moi, toutes les listes sont enregistrées sur mon ordinateur portable. »

La responsable guida sa compagne jusqu'à un petit et coquet bureau situé à côté de la cuisine.

« Voici mon quartier général..., confia Mandy. C'est ici que je m'installe quand j'organise une réception à River House. »

Elle s'assit derrière sa table de travail, ouvrit un tiroir d'où elle sortit une sacoche en cuir noir qui contenait un ordinateur portable.

Après avoir allumé l'écran et appuyé sur quelques touches du clavier, elle se releva et invita Alice à prendre sa place.

« Voici les fichiers contenant les trois listes d'invités, expliqua-t-elle. Il vous suffira de cliquer sur chacune de ces icones pour faire apparaître la liste choisie. Désolée de vous abandonner, mais je dois retourner dans la cuisine pour m'occuper de la pièce montée. Tenez-moi au courant de vos investigations… »

Alice lui promit de le faire et commença à consulter les trois documents. Elle sélectionna l'option *Rechercher* et tapa les mots *Kevin Royko*. L'ordinateur lui indiqua que le nom ne figurait sur aucun fichier.

Par mesure de sécurité, elle relança la recherche en ne mentionnant que le prénom de l'intéressé, au cas où elle aurait mal compris son nom de famille. Mais le seul Kevin répertorié avait pour patronyme Warshawski. « Jamais elle n'aurait pu confondre ce nom avec Royko… », se dit-elle, de plus en plus intriguée.

La tête de Bess apparut soudain dans l'entrebâillement de la porte.

« Coucou ! lança joyeusement la jeune fille. Mandy m'a indiqué où te trouver... Que se passe-t-il ? Tu relèves ta boîte aux lettres électronique ?

— Non, j'essaie de comprendre un détail qui me chiffonne. Tu te souviens de Kevin Royko, n'est-ce pas ? Eh bien, il a assisté aux trois mariages, depuis hier, sans être officiellement convié à aucun. »

Bess inclina la tête et regarda ses ongles.

« Vraiment ? Hmmm... Et alors, qu'en déduis-tu ?

— Justement, rien pour le moment. Pourtant, je me demande... »

Alice ne termina pas sa phrase ; elle venait de se souvenir d'un élément qui avait peut-être une importance capitale.

« Il y a autre chose de bizarre ! s'exclama-t-elle. Ce matin, j'ai surpris Kevin dans l'une des automobiles garées sur le parking. Il était en grande conversation avec une femme...

— Une femme ? Quelle femme ? s'enquit Bess.

— Une dame d'un certain âge, que j'avais

croisée précédemment dans le couloir du manoir. Et son visage ne m'était pas inconnu... »

La jeune fille éteignit l'ordinateur d'un geste décidé.

« Il faut que je m'entretienne d'urgence avec Kevin pour connaître sa version des faits. Tu veux m'accompagner ?

— Avec plaisir », répondit Bess.

Toutes deux se hâtèrent de regagner la salle de bal ; mais, lorsqu'elles arrivèrent sur les lieux, le danseur surexcité avait disparu.

Alice scruta toute l'assemblée, un froncement de sourcils trahissant sa contrariété. L'orchestre jouait un air lent et romantique, sur lequel les mariés, au milieu de nombreux couples, évoluaient, tendrement enlacés. Sur les côtés de la pièce, d'autres convives, assis ou debout, discutaient paisiblement. Mais de Kevin, pas la moindre trace.

« Nous arrivons trop tard, soupira Alice, cachant mal sa déception. Je me demande bien où...

— Regardez là-haut ! hurla brusquement quelqu'un. Qu'est-ce que c'est que cela ? »

Alice leva les yeux et, sous le coup de la surprise, porta sa main à sa bouche. Le revenant, le même exactement que celui qu'elle avait aperçu le matin à l'orée du bois, se tenait derrière la balustrade. Dans la semi-pénombre de la salle, son apparition n'en devenait que plus effrayante.

« Alice ! C'est le fantôme... », s'écria Bess en agrippant nerveusement le bras de sa camarade.

Comme s'il avait entendu les paroles de la jeune fille, le spectre leva une main gantée et, du doigt, désigna les deux amies. Bess hurla de terreur, tandis qu'Alice sentait son pouls s'accélérer. Une fraction de seconde plus tard, toutes les lumières s'éteignirent brusquement, plongeant la pièce dans l'obscurité totale.

11

Affaire classée

Des hurlements résonnèrent dans le noir, tandis que les invités cherchaient à tâtons une issue.

Bess agrippa le bras de son amie.

« Qu'allons-nous faire, Alice ? chuchota-t-elle, paniquée. Tout le monde a perdu la tête et le revenant rôde encore en liberté...

— Avant tout, il faut rétablir le calme », préconisa la jeune détective.

Mettant ses mains en porte-voix, elle déclara d'un ton ferme :

« Votre attention, s'il vous plaît... Que chacun reste à sa place... Nous vous prions de nous excuser pour cette coupure de courant inopinée, que nous nous employons actuellement à réparer. D'ici quelques minutes, la fête pourra reprendre... »

L'annonce obtint exactement le résultat escompté. Le brouhaha de la foule s'estompa quelque peu et les convives cessèrent de se ruer vers les portes.

« Bien, apprécia Alice, satisfaite. Passons maintenant à l'étape suivante... Il me semble avoir repéré une grosse lampe torche dans la cuisine. Essayons de nous faufiler jusque-là.

— Comme tu voudras », acquiesça Bess nerveusement.

La jeune détective attrapa la main de son amie et toutes deux se frayèrent un chemin au milieu des groupes agglutinés dans le couloir et aux abords proches de la salle de bal. La nuit était sans lune, aussi aucune lumière ne filtrait-elle à travers les fenêtres. Toutefois, à la lueur des allumettes et des briquets allumés par certains invités, elles purent s'orienter sans trop de peine.

Dans la cuisine, Daphné et Mandy s'affairaient à préparer des torches et des bougies. Alice remarqua instantanément que la maîtresse de cérémonie était au bord des larmes.

« Notre fantôme a encore frappé, constata Mandy d'une voix qui tremblait. Marion est descendue à l'entresol pour tenter de rétablir le courant. J'espère que Rafe s'en occupe également…

— Dans ce cas, répondit Alice en plissant les sourcils, elle a certainement emporté la lampe torche. Puis-je m'en procurer une autre ? »

Mandy secoua la tête.

« Je crains que non. Pourquoi cette question ? »

Avisant les bougies, Alice en attrapa deux.

« Il faut que je rattrape ce prétendu spectre. Et je crois savoir où il s'est réfugié… »

Après avoir offert l'une des bougies à Bess, Alice quitta la pièce d'un pas décidé. Elle marchait si vite que son amie avait du mal à la suivre.

« Où allons-nous ? s'enquit Bess, tout essoufflée.

— Dans la bibliothèque », répliqua la jeune détective.

Le grand hall paraissait lugubre à la lueur vacillante des flammes. Plus d'une fois, Alice se retourna, se sentant suivie ; mais ce n'était que l'ombre de Bess et la sienne, qui dansaient sur les murs. En traversant le foyer, elles passèrent sous le regard sévère de Joseph et Jeanine Merrill, impassibles dans leurs cadres dorés. Malgré elle, Alice frissonna.

Le portrait de la femme, surtout, avait quelque chose de dérangeant. « Mais quoi ? » s'interrogea la jeune fille, perplexe. Elle n'arrivait pas à trouver de réponse à cette énigme... Soudain, la vérité s'imposa à elle comme une évidence : la vieille dame qu'elle avait surprise, le matin, dans une voiture en compagnie de Kevin Royko... celle-là même qu'elle avait croisée dans le couloir du manoir, un peu plus tôt... cette femme ressemblait à s'y méprendre à Jeanine Merrill ! Elle avait les mêmes yeux, le même visage expressif...

Malheureusement, Alice n'avait pas le temps d'approfondir cette intéressante découverte. Elle avait maintenant atteint la bibliothèque et, sans hésitation, elle se dirigea droit vers le rayonnage qui menait au passage secret. En collant son oreille contre la paroi, elle retint son souffle... Mais aucun bruit ne lui parvint. Alors, reproduisant le geste qu'elle avait déjà effectué la veille, elle fit pression sur le bord de l'étagère, qui pivota en silence.

Sidérée, Bess gardait les yeux rivés sur l'escalier qui s'offrait à sa vue. Au sommet, un petit palier était aménagé, au-delà duquel le passage s'enfonçait dans les ténèbres.

« Tu veux me faire gravir *ça* ? grimaça-t-elle, décomposée.

— Rassure-toi, répondit Alice, c'est moi seule qui irai. Je compte sur toi pour monter la garde ici. Je t'appellerai si j'ai besoin d'aide. »

Elle ôta ses chaussures puis s'engagea furtivement dans l'escalier. Si le fantôme se terrait bel et bien dans l'étroit passage, elle voulait le prendre par surprise. Il y avait toutefois un risque qu'il soit alerté par la lueur de sa bougie, mais elle n'avait pas d'autre possibilité : dans le noir total, elle ne pourrait pas avancer du tout.

En posant le pied sur la dernière marche, elle crut distinguer un bruit de pas. S'immobilisant, elle tendit l'oreille. Quelqu'un paraissait progresser d'une démarche contenue, hésitante, sur le palier supérieur.

Les pas se rapprochaient. Alice se plaqua contre le mur et mit sa main autour du halo lumineux pour en atténuer le rayonnement. Les pas se firent plus proches encore...

Soudain, la jeune fille se retrouva face à deux yeux enfoncés dans leurs orbites ; deux yeux perçants, terrifiants. Aussi surpris qu'elle, le fantôme fit volte-face et tenta de s'échapper.

« Pas si vite ! » s'écria Alice en agrippant la cape du revenant.

Mais l'ample vêtement glissa à terre et son propriétaire put s'élancer dans la direction opposée. La jeune détective lâcha la cape pour se lancer à la poursuite du criminel. Dans sa course, la flamme de la bougie s'éteignit, mais elle continua droit devant elle, guidée par les bruits de pas qu'elle entendait non loin.

Dans l'obscurité, l'homme ne parvenait pas à gagner du terrain. Alice sentait sa présence toute proche, à quelques centimètres d'elle. Pour vérifier son intuition, elle hasarda un bras en avant ; sa main frôla la chevelure de son ennemi. Il n'en fallut pas davantage pour la décider à agir : d'un bond puissant, elle se jeta sur le fantôme.

Tous deux s'écroulèrent sur le sol, et c'est alors qu'Alice prit conscience du danger qu'elle courait. De toute évidence, l'homme était armé. Elle chercha à saisir ses bras, afin de les neutraliser, mais il se débattait avec force.

Une lueur attira l'attention de la jeune fille, qui tourna la tête pour identifier l'arrivant. Puis elle reconnut la voix de Bess, chavirée par l'émotion.

« A… Alice ? Tu… tu n'es pas blessée ? Tu as vu le… le fantôme ? »

Troublé par cette intrusion, le revenant relâcha son étreinte une fraction de seconde. Profitant de cette inattention, Alice réussit à arracher le masque en forme de tête de mort. Au même instant, Bess arriva, brandissant une flamme vacillante.

Quand elle put distinguer assez nettement les cheveux bruns et les taches de rousseur de son adversaire, Alice eut la confirmation de ce qu'elle avait suspecté.

« Kevin Royko…, énonça-t-elle lentement. J'étais sûre que c'était vous. »

Le jeune homme la dévisagea, encore assommé par leur lutte au corps à corps.

« Vous alors, lança-t-il, vous savez plaquer quelqu'un au sol. Vous devriez jouer au rugby, au lieu de mener des enquêtes… »

Alice libéra le poignet de Kevin et le laissa se redresser quelque peu.

« Ce matin, reprit-elle, je vous ai surpris sur le parking avec une dame. Il s'agissait bien de Grace Merrill Sayer, n'est-ce pas ? La petite-fille des premiers propriétaires du manoir… Elle a vécu ici de longues années mais, criblée de dettes, elle a dû hypothéquer sa propriété. C'est bien cela ? »

Bess avait suivi le réquisitoire de son amie, époustouflée.

« Comment as-tu découvert tout ça, Alice ?

— Oui, renchérit Kevin, j'aimerais bien le savoir, moi aussi ! »

Mais, soudain, il secoua la tête d'un air désabusé.

« De toute façon, je n'échapperai pas à la prison, je suppose… Autant tout vous avouer tout de suite.

— Excellente idée », approuva Alice.

Le coupable resta silencieux un long moment, le regard perdu dans le vide, avant de se décider à parler :

« C'est effectivement Grace Merrill Sayer que vous avez vue. Elle m'a engagé pour semer le trouble dans tous les mariages, car elle veut, au mépris de tout scrupule, récupérer sa maison. Elle a imaginé que, si le bruit courait que River House était hanté, les gens cesseraient d'y organiser des réceptions. Et, ainsi, elle pourrait racheter le manoir à bas prix.

— Est-ce vous également qui avez détérioré le lave-glace de la voiture d'Alice ? interrogea Bess d'un ton vindicatif. Vous rendez-vous compte que vous auriez pu la tuer ?

— Ça, je le regrette sincèrement, confessa Kevin. Voilà ce qui s'est passé : alors que j'effectuais mes repérages, j'ai entendu une discussion entre vous et Mandy. Même les fantômes ont des oreilles… J'ai compris alors que vous meniez l'enquête. J'ai fait part de ma découverte à Mme Sayer, et elle a eu peur que vous nous démasquiez rapidement. Aussi, m'a-t-elle chargé de me rendre devant votre domicile en pleine nuit et de remplir votre réservoir de liquide lave-glace de peinture rouge. Elle voulait vous empêcher de mettre votre nez dans nos manigances. »

Le jeune homme marqua une pause, visiblement mal à l'aise.

« Je n'ai pas mesuré les implications de ce geste, finit-il par reconnaître. Si j'avais pensé que vous risquiez un accident… »

Alice restait silencieuse, reconstituant

mentalement le puzzle. Soudain, un détail encore obscur lui revint en mémoire.

« Cet après-midi, Mme Sayer a appelé chez moi en se faisant passer pour Mandy, n'est-ce pas ? Je comprends maintenant pourquoi la voix au téléphone avait semblé familière à Sarah. Elle et Grace ont fréquenté la même école, étant jeunes…

— Ah bon ? s'exclama Bess. Le monde est vraiment petit !

— C'est exact, confirma Kevin, Mme Sayer a laissé un message chez vous ce matin. Encore une fois, nous tentions de vous écarter pour avoir les coudées franches. »

Alice hocha la tête, pensive.

« Comment votre complice a-t-elle su que nous étions convoquées à dix-huit heures pour aider Mandy à tout installer ?

— Je vous ai espionnées dans le couloir, quand vous receviez vos instructions », expliqua Kevin.

Bess s'assit par terre, à côté de son amie, et plissa le front.

« Il y a encore un élément qui m'échappe. Comment avez-vous réussi à couper l'électricité, alors que vous vous trouviez sur la mezzanine ? »

L'interpellé hésita à répondre.

« Eh bien..., admit-il enfin, c'est... euh... c'est Mme Sayer qui s'en est chargée. D'ailleurs, elle m'attend en ce moment même à l'entresol. Mais désormais, les données du problème ont évolué... »

Les yeux d'Alice pétillèrent, car elle venait d'avoir une idée.

« Au contraire, rien n'a changé. Il faut que vous rejoigniez votre complice. Voici mon plan... »

« N'avancez pas », murmura la jeune détective à l'intention de Bess et de Rafe.

Tous les trois s'étaient réfugiés dans la cave à vins, cachés derrière une rangée de bouteilles poussiéreuses. Le courant avait été rétabli, et la seule lueur de la pièce provenait d'une ampoule nue qui diffusait un halo jaunâtre.

À un mètre de là, Kevin Royko discutait avec Mme Sayer, qui n'offrait que son dos à leur vue. La vieille dame félicitait son acolyte :

« Bravo pour votre prestation sur la mezzanine... Vos cours de théâtre au collège ont été très bénéfiques. »

De sa poche, elle retira une grande enveloppe blanche.

« À propos de bénéfices, voici vos émoluments pour la soirée. »

Kevin tendit la main pour prendre l'enveloppe.

« Merci, madame. »

Subrepticement, il jeta un coup d'œil par-dessus l'épaule de son interlocutrice, à l'endroit même où se tenaient Alice, Bess et Rafe, puis son regard se concentra de nouveau sur Mme Sayer.

« Je suis très contente de notre travail, reprit la vieille dame. J'ai appelé le journal local, le *Morning Record*, tout à l'heure, pour les informer de tous les incidents qui se sont déroulés ici depuis le début du week-end. Si tout va bien, un article paraîtra dans l'édition de lundi. La réputation de River House va descendre en flèche et, d'ici peu, je serai en mesure de racheter ma propriété.

— Je crois que nous en savons assez », chuchota Alice.

Se redressant, elle contourna l'alignement de bouteilles, suivie de près par Bess et Rafe.

« Pas si vite, madame Sayer... », lança-t-elle d'une voix forte.

Stupéfaite, la femme dévisagea les trois intrus.

« Mais qu'est-ce que… ? »

Puis, fronçant les sourcils, elle fusilla Kevin du regard.

« Vous m'avez trahie ! s'écria-t-elle avec hargne. Ingrat, monstre ! Je vous ai sauvé de la ruine, je vous ai offert un travail… et voilà comment vous me remerciez !

— Kevin n'y est pour rien, vous venez vous-même de vous trahir, intervint Alice d'un ton sévère. D'ailleurs, l'heure n'est plus aux règlements de comptes. Vous vous expliquerez auprès de la police. »

Grace Sayer la défia avec arrogance.

« C'est vous qui le dites, ma petite… Mais vous ne disposez pas de la moindre preuve. Et jamais Kevin ne témoignera contre moi.

— Détrompez-vous, répliqua l'intéressé, je compte au contraire tout révéler aux autorités. Je regrette, madame, mais je dois penser à mon avenir. Si je me montre coopératif, je suis certain que la justice sera plus indulgente avec moi. »

Abasourdie, Mme Merrill Sayer le dévisagea, avant de se retourner vers Alice.

« River House est à moi. À moi, vous entendez ? C'est ici que je suis née, que j'ai grandi… et c'est ici que je mourrai ! Vous ne pourrez pas m'en empêcher ! »

Emportée par la colère, elle attrapa une bouteille de vin toute poussiéreuse, rangée dans un casier. Et, avant que quiconque ne puisse réagir, elle leva le bras, s'apprêtant à écraser son projectile sur le crâne d'Alice.

12
Menaces

D'un même mouvement, Rafe, Bess et Kevin se ruèrent sur Mme Sayer ; mais Alice, prompte comme l'éclair, réussit à intercepter la bouteille une fraction de seconde avant qu'elle s'abatte sur sa tête. Elle l'arracha vivement de la main de son attaquante.

« Comment osez-vous ? hurla celle-ci, le visage empourpré de fureur. Vous avez ruiné tous mes plans ! Vous ne savez pas ce que c'est, d'être chassée de chez soi, dépossédée de tous ses biens… Ce manoir, c'est toute ma vie, toute l'histoire de ma famille…

— Je comprends votre amertume, dit la jeune détective en replaçant calmement la bouteille dans le casier. Mais cela ne vous donne pas le droit de commettre des actes criminels. Vous avez causé du tort à un grand nombre de personnes, et vous avez manqué me tuer par deux fois. Maintenant, il va falloir répondre de vos actes. »

Grace Merrill Sayer entrouvrit la bouche pour répliquer, puis se ravisa. Le regard éteint, elle paraissait désormais résignée à son sort.

Rafe fit un pas en avant.

« Suivez-moi tous les deux, intima-t-il aux deux coupables. L'heure a sonné de rendre une petite visite au commissariat de police.

— Allons venez, madame Sayer, soupira Kevin. Pour nous, la route s'arrête ici… »

Marion empilait les assiettes à dessert sales sur son plateau. Il était plus de minuit, le bal noir et blanc était clos et les derniers invités s'étaient retirés. Les trois amies terminaient de nettoyer la salle de bal, en compagnie de Mandy et Daphné.

« Quand je pense que j'ai raté le dénouement…, lança Marion à Alice, qui débarrassait une table voisine. Tandis que je m'escrimais à trouver le disjoncteur, à l'entresol, tu arrêtais les criminels et concluais l'enquête... »

Bess, qui aidait les sœurs Applebaum à décrocher les décorations, se retourna et campa ses mains sur ses hanches.

« Hé ! Tu oublies que j'étais là... Moi aussi, j'ai arrêté des criminels !

— Quelle soirée..., s'écria Mandy. Ou plutôt, quel week-end ! Mais, grâce à vous trois, tout cela est du passé maintenant. Finies les apparitions fantomatiques, finis les désastres... Le mariage de demain devrait se dérouler sans encombre.

— C'est vite dit, intervint Daphné. Puisque nous en sommes au stade du bilan, il me semble qu'il serait préférable de changer de pâtissier. Et, maintenant que j'y pense, je ne suis pas très satisfaite non plus de notre fournisseur de boissons. »

Son aînée la dévisagea, interloquée.

« À t'entendre, on pourrait presque croire que tu commences à te passionner pour ton nouveau métier... »

Daphné afficha une mine embarrassée.

« N'exagérons rien, Mandy. Mais je dois admettre que j'ai pris beaucoup de plaisir à préparer la réception de ce soir. Cette idée de buffet noir et blanc était un vrai défi culinaire, et j'ai reçu des dizaines de félicitations pour mon repas.

— C'était bien mérité…, reconnut Bess, une lueur songeuse dans le regard. Cette poularde en demi *je-ne-sais-plus-trop-quoi* était sublime. Et j'ai repris trois fois de la Forêt-Noire… »

Soudain, réalisant qu'elle venait de se trahir, elle piqua un fard.

« Oh !… en fait, j'ai seulement goûté quelques miettes pendant ma pause…

— Il n'y a pas de mal ! la rassura Daphné en riant. En outre, j'avais prévu vraiment très large. Bettina et Stone m'ont demandé de donner tout le surplus de nourriture au foyer de sans-abri. »

Après un coup d'œil à sa montre, Mandy étouffa un bâillement.

« Il est tard… Je propose que nous nous arrêtions dans un quart d'heure. Nous terminerons le ménage demain matin, d'accord ? Le mariage Fuentes-Vitale n'a lieu qu'à treize heures.

— Bonne idée, approuva Alice. Cette journée m'a achevée. »

Soudain, Bess se pencha et ramassa par terre une feuille de papier pliée en quatre.

« Hé ! s'exclama-t-elle. Qu'est-ce que c'est que ça ? On dirait que l'un des convives a égaré quelque chose...

— Ce vieux papier tout froissé ? répondit Marion. À mon avis, tu peux le jeter à la corbeille. »

Sa cousine déplia pourtant la feuille et, au bout d'un instant, ses yeux s'arrondirent.

« Je ne crois pas, estima-t-elle d'une voix grave. Tenez, regardez plutôt. »

Marion et les trois autres jeunes femmes firent cercle autour de Bess. Sur le document, on avait inscrit indéfiniment le même message, dans une douzaine d'écritures différentes :

Ce marriage est condamné d'avance.
Arrétez tout avant qu'il soit trop tard.

« Ça alors..., murmura Marion.

— Encore un des stratagèmes de Kevin et de Mme Sayer, tempêta Mandy. Ils escomptaient sans doute intimider Bettina ou Stone... Par chance, la missive n'a pas atteint ses destinataires.

— En tout cas, les auteurs de ce mot ne connaissent pas l'orthographe, remarqua

Daphné. *Mariage* ne prend qu'un *r*, et le verbe *arrêter* s'écrit avec un accent circonflexe. »

Avec un large sourire, elle ajouta :

« J'ai aussi été correctrice, dans le passé... »

Alice, pour sa part, demeurait songeuse.

« Je ne m'explique pas pourquoi Kevin ou Grace auraient répété inlassablement les deux mêmes phrases, dans des écritures différentes... Comme s'ils cherchaient à imiter l'écriture de quelqu'un d'autre...

— Vous pensez que nous devrions montrer ce document à la police ? interrogea Daphné.

— Certainement, approuva la jeune détective. Je passerai au commissariat en rentrant chez moi. Nous détenons peut-être là une preuve supplémentaire contre nos deux coupables. »

Une demi-heure plus tard, les trois amies s'arrêtaient devant l'antenne de police de River City. Elles obtinrent une entrevue avec les deux prévenus, qui nièrent farouchement avoir rédigé le message de menace.

« Pour qui nous prenez-vous ? argumenta Kevin. Franchement, pourquoi aurions-nous laissé traîner une telle pièce à conviction au beau milieu de la salle de bal ? Et ces fautes d'orthographe !… J'ai été à l'école, moi ! »

Dubitative, Alice se tourna vers Mme Sayer.

« Vous n'êtes pas non plus l'auteur de ce message ?

— Jamais de la vie ! répondit la vieille dame en croisant les bras, indignée. De toute façon, je ne parlerai qu'en présence de mon avocat. Je vous connais, mademoiselle la détective… Vous allez encore dénaturer les faits et m'incriminer pour des actes que je n'ai pas commis ! »

En quittant le poste de police, Bess interrogea Alice :

« Crois-tu qu'ils nous aient dit la vérité ?

— J'en ai le sentiment, répondit son amie en pesant ses mots. Étant donné que Kevin a tout avoué jusqu'ici, je ne vois pas pourquoi il chercherait à nous tromper sur ce point de détail. Quant à Grace Merrill… elle m'a paru sincère, elle aussi. »

La jeune fille secoua la tête, perturbée.

« Si nos deux prisonniers ne sont pas en cause, je me demande bien qui peut avoir rédigé ce message…

— À ta place, commenta Marion avec un bâillement, je ne m'acharnerais pas sur ce vieux papier froissé. Il s'agit probablement d'une mauvaise plaisanterie. Ou alors, une bande de copains a organisé un concours pour comparer les écritures…

— Tu as peut-être raison », concéda Alice.

Mais, en réalité, elle ne partageait pas l'interprétation rassurante de son amie…

« Quelle horreur… Grace était l'une des élèves les plus douces de toute l'école ! Jamais je n'aurais imaginé qu'elle soit capable de tels actes », soupira Sarah.

La nuit avait passé et la gouvernante servait le petit déjeuner à James Roy et à sa fille.

« Je comprends ta déception, répondit Alice. Mais dans sa lutte acharnée pour reprendre possession de son domaine, elle a perdu le sens du bien et du mal.

— Et son complice ? demanda M. Roy. Sait-on ce qui l'a amené à commettre de telles exactions ?

— Kevin est étudiant en deuxième année à l'université et un voisin de Mme Sayer, expliqua Alice. Ses parents ont cessé de le soutenir financièrement lorsqu'il a renoncé à suivre les cours pour se lancer dans l'art dramatique. Mme Sayer a appris ses soucis d'argent et lui a fait une offre alléchante.

— Pourquoi Grace lui a-t-elle demandé de se mêler à la foule des invités lors des trois mariages ? s'étonna Sarah. Il aurait pu se contenter d'agir dans les coulisses…

— C'est vrai, mais il a eu ainsi tout loisir de déambuler incognito dans le manoir. Les deux complices ne se sont pas imaginés que quelqu'un remarquerait ses allées et venues et s'en alarmerait. »

La jeune fille but une gorgée de café, puis reprit :

« Royko a vraiment pris un risque en sympathisant avec Bess et moi. Mais pour suivre l'évolution de mon enquête, il n'avait pas d'autre solution. »

Sarah essuya ses lèvres avec sa serviette.

« Enfin… tout est terminé, maintenant. Ça ne me fait pas plaisir de savoir mon ancienne camarade de classe en prison, mais elle doit payer pour ce qu'elle a fait. »

James Roy se tourna vers sa fille.

« Tu as encore un mariage à couvrir, n'est-ce pas ?

— Oui, cet après-midi même, confirma

Alice. Une jeune femme du nom de Fuentes épouse un certain Vitale. C'est la réception la plus importante du week-end. Nous attendons deux cents convives.

— Ciel ! » s'extasia Sarah.

Alice jeta un œil sur la pendule accrochée au mur et se leva.

« D'ailleurs, il est temps que je me mette en route. Je vais d'abord aller rechercher ma voiture au garage et, ensuite, je filerai sur River House au plus vite. Il nous reste encore quelques heures de travail avant la cérémonie. »

Lorsqu'elle arriva au manoir, Bess et Marion s'activaient déjà. Elles aidaient Mandy à dresser les tables dans la cour.

L'organisatrice de la réception la salua avec chaleur :

« Bonjour, Alice ! Belle journée, n'est-ce pas ? »

La jeune fille leva les yeux vers le ciel d'un bleu immaculé.

« Magnifique ! reconnut-elle. En quoi puis-je me rendre utile ?

— Il reste encore quelques tables à décorer, puis nous terminerons le ménage dans la salle de bal. »

Toutes les quatre se mirent à l'ouvrage ; à onze heures, les couverts étaient en place, la maison entière rutilait et la chapelle croulait sous les fleurs. En cuisine, Daphné apportait la touche finale au somptueux buffet. De délicieux effluves d'herbes fraîches embaumaient les couloirs.

« La mariée et ses demoiselles d'honneur ne devraient pas tarder à arriver », indiqua Mandy.

Avec Alice, Bess et Marion, elle se trouvait dans la chapelle ; elles terminaient de remplir de riz des petits sachets en papier, afin que les invités en arrosent les mariés.

« Patti est beaucoup plus... comment dire ? beaucoup moins difficile que la mariée d'hier soir, ajouta la maîtresse de cérémonie à voix basse. Cependant, avec cinq demoiselles d'honneur en plus de la mariée, nous ne resterons pas oisives... »

Une jolie petite jeune femme, aux cheveux châtains mi-longs, remonta l'allée centrale. Vêtue d'un jean et d'un sweat-shirt rose, elle tenait entre ses mains une boîte blanche.

« La voilà ! s'exclama Mandy avec un large sourire. Bonjour, Patti ! Je vous présente mes trois assistantes, Alice, Bess et Marion. Les filles, voici Patti Fuentes.

— Toutes mes félicitations, Patti, enchaîna Bess. Comment vous sentez-vous ? Pas trop fébrile ? »

La future mariée s'assit sur le banc à côté de Bess et passa une main nerveuse dans ses cheveux. Son expression trahissait une réelle inquiétude.

« En fait, je ne suis pas très tranquille. Regardez plutôt ce qu'on a déposé devant ma porte ce matin. »

D'un signe du menton, elle indiqua la boîte posée sur ses genoux.

« De quoi s'agit-il ? » interrogea Alice, intriguée.

La jeune fille inspira profondément, puis ouvrit la boîte. Quatre têtes se penchèrent en même temps, pour en distinguer le contenu. À l'intérieur, se trouvaient deux figurines en plâtre — un couple de mariés, ornement traditionnel des pièces montées. Mais les petits personnages avaient été sauvagement décapités.

« Je ne comprends pas..., murmura Bess, consternée. Si c'est une blague, elle est du plus mauvais goût. »

Sous les figurines, Alice aperçut une feuille de papier. Elle l'attrapa pour la lire, et laissa échapper un petit cri d'effroi.

Écrit en lettres capitales, s'étalait le message suivant :

CE MARRIAGE EST CONDAMNÉ D'AVANCE.

ARRÊTEZ TOUT AVANT QU'IL SOIT TROP TARD.

13

Un danger imprévu

« Le message… », chuchota Marion, d'une voix d'outre-tombe, à l'oreille d'Alice.

Intriguée par ce ton de conspiratrice, Patti promena son regard d'une jeune fille à l'autre.

« Que voulez-vous dire ? Auriez-vous déjà eu vent de ces menaces ? »

La jeune détective s'octroya quelques secondes de réflexion avant de répondre. À quoi bon révéler à la future mariée les incidents qui avaient émaillé les trois cérémonies précédentes ? Cela ne ferait qu'ajouter à son angoisse. Toutefois, montrer à Patti le document trouvé la veille dans la salle de bal permettrait peut-être d'élucider plus rapidement le mystère...

Alice plongea la main dans sa poche et exhiba la fameuse missive.

« Voici ce que nous avons découvert cette nuit, expliqua-t-elle. Reconnaissez-vous une ou plusieurs de ces écritures ? »

Un peu interloquée, la jeune femme les observa scrupuleusement. À la fin, elle secoua la tête.

« Non, ça ne me dit rien... Mais il y a une chose que je ne saisis pas très bien. Ce papier froissé signifie-t-il que l'expéditeur de cette boîte était déjà à River House hier soir ?

— C'est mon interprétation, acquiesça Alice. Une question importante, Patti : vous connaissez-vous des ennemis ?

— Des ennemis ? répéta la jeune femme avec un rictus nerveux. N... non, je ne crois pas. Je dirige une crèche et les seules personnes que je fréquente sont des enfants en bas âge et leurs parents.

— Et votre fiancé ?

— Tony tient une librairie. Je ne vois pas non plus qui pourrait lui en vouloir. C'est l'homme le plus charmant de la planète, tous ses clients l'adorent. »

Le regard de Patti tomba sur la boîte blanche et elle frissonna.

« Pourquoi cherche-t-on à me persécuter le jour de mon mariage ? s'indigna-t-elle, au bord des larmes. Je ne conçois pas qu'on puisse être aussi… aussi méchant !

— À votre place, rebondit Bess d'un ton guilleret, j'oublierais ce mauvais plaisant pour me concentrer sur les préparatifs de la cérémonie ! Montons à l'étage, si vous voulez ; je vous aiderai à vous préparer. Comment comptez-vous vous coiffer ? Je manie plutôt bien le fer à friser et je… »

Tandis que Bess bavardait avec entrain, Alice se tourna vers Mandy et Marion.

« Kevin et Mme Sayer n'ont pas pu déposer ce paquet chez Patti, vu qu'ils sont écroués, murmura-t-elle. Nous devons rechercher un autre coupable, probablement parmi les convives de la fête d'hier soir…

— Bien raisonné, approuva Marion.

— Je souhaiterais comparer la liste des invités de Patti et Tony avec celle de Bettina et Stone, poursuivit la jeune détective. Si je découvre un nom commun aux deux mariages, nous tiendrons sans doute notre coupable.

— Excellente déduction, la félicita Mandy. Pourquoi n'iriez-vous pas vérifier cela tout de suite ? Mon ordinateur portable n'a pas bougé depuis hier, vous le trouverez dans mon bureau. Nous nous débrouillerons sans vous pour l'intendance. »

Sans perdre un instant, Alice quitta la chapelle et se hâta de gagner la petite pièce réservée à l'organisatrice des réceptions. Son esprit en ébullition échafaudait sans cesse de nouvelles hypothèses. Le colis reçu par Patti n'était peut-être qu'un incident isolé, une blague de potache sans conséquence… Mais il y avait une autre possibilité : que le couple Royko-Sayer, du fond de sa prison, continue à sévir grâce à un complice pas encore démasqué… Elle nota dans un coin de sa tête qu'il faudrait sans tarder appeler le commissariat afin de les informer des derniers événements.

Arrivée dans le bureau de Mandy, la jeune fille prit place dans le fauteuil et écarta les piles de dossiers et les gobelets de café vides qui s'entassaient sur le plan de travail.

Puis elle mit en marche l'ordinateur et commença à pianoter sur le clavier. L'absence d'une imprimante rendait sa démarche un peu ardue, car elle ne pouvait mettre en parallèle les deux listes d'invités. Mais, à force de tâtonnements, elle trouva dans le logiciel une fonction qui lui permit de séparer l'écran en deux, et elle put ainsi visualiser en même temps la liste de Patti et celle de Bettina.

Après une demi-heure passée à comparer les noms un à un, Alice avait comptabilisé trois personnes inscrites sur les deux listes : Andrew Battista, Lars Johansson et Kenneth Klotz.

« Bingo ! s'exclama-t-elle, enthousiaste. L'un des trois est peut-être notre homme… »

En fouillant dans les tiroirs de Mandy, la jeune détective dénicha un stylo et une feuille de papier, qui lui permirent de noter les noms des invités incriminés. Tout en écrivant, elle eut une nouvelle idée : Bettina s'était plainte de la présence de l'ancienne petite amie de Stone, qui était venue en tant que cavalière de l'un des invités. Cela voulait dire que n'importe qui aurait pu s'introduire dans la réception, sans être nécessairement enregistré sur les listes.

« Voilà qui complique ma tâche, songea-t-elle. Mais ces trois noms sont un bon point de départ… »

Alice se hâta de regagner la chapelle, pour faire part de ses découvertes ; mais, trouvant la pièce vide, elle en déduisit que tout le monde devait être rassemblé dans la chambre d'Or, pour l'habillage.

À l'étage, elle frappa à la porte et entra. Comme elle l'avait supposé, Mandy, Marion et Bess se trouvaient là, s'affairant autour de Patti et de ses cinq demoiselles d'honneur. La mariée arborait sa robe, un modèle de satin blanc à col montant, avec des manches mi-longues ajustées sur les bras et une jupe ample qui bruissait élégamment au moindre mouvement. Quant aux demoiselles d'honneur, elles portaient toutes la même robe bleu pâle.

Alice s'approcha de Patti.

« Vous êtes ravissante », la congratula-t-elle.

Puis, baissant la voix, elle ajouta :

« Pourrais-je vous demander un éclaircissement sur trois de vos invités ? »

La jeune mariée parut surprise de la question.

« Mais… oui, bien sûr. Pourquoi ?

— Souvenez-vous : nous avons émis l'hypothèse que le coupable était probablement déjà sur les lieux hier soir… En comparant votre liste d'invités avec celle de Bettina et Stone, j'ai dénombré trois personnes en commun. »

Alice tendit à Patti la feuille de papier sur laquelle elle avait inscrit les trois noms. Il ne fallut que quelques secondes à la jeune femme pour réagir.

« Impossible, répondit-elle d'un ton catégorique. Andy, Lars et Ken sont de vieux amis de la famille, au-dessus de tout soupçon.

— En êtes-vous sûre ? insista Alice.

— Absolument certaine, reprit Patti avec conviction. Jamais ils n'auraient pu commettre un acte aussi ignoble. »

La future mariée attrapa son sac à main, posé sur une chaise, et en sortit une enveloppe. À l'intérieur, se trouvait une photo représentant un groupe de gens, qu'elle montra à Alice.

« Je compte offrir ce cliché à Andy aujourd'hui. »

De l'index, elle désigna un homme grand, aux cheveux poivre et sel, qui portait des lunettes, puis deux autres individus.

« Voici Andy, Lars et Ken, expliqua-t-elle.

Cette photographie a été prise lors d'un pique-nique familial que nous avions organisé au début du printemps, autour du lac. Vous voyez, ces trois personnes sont pour moi comme des parents. Je sais qu'ils sont innocents. »

Alice examina attentivement l'image, puis hocha la tête.

« Oui, vous avez raison... Quoi qu'il en soit, poursuivit-elle avec un sourire, je ne voudrais pas que vous vous tracassiez toute la journée. Préoccupez-vous seulement de vous faire belle pour le plus beau jour de votre vie... »

Bien qu'elle ne fût pas totalement convaincue par l'argument de la jeune femme, Alice ne voulait pas l'inquiéter inutilement.

« Hé, Patti ! lança soudain l'une des demoiselles d'honneur. Que penserais-tu si je me versais la moitié du tube de gel sur la tête ? Je pourrais me faire une crête dressée comme ça... Pas mal, non ?

— Pas question ! » protesta l'interpellée, entre deux éclats de rire.

Puis, se tournant vers Alice, elle ajouta :

« Je vais suivre votre conseil et oublier cet

incident. Je ne compte me marier qu'une seule fois dans ma vie... alors, il faut que ce jour soit une réussite ! »

Alice, Bess et Marion se tenaient dans le grand hall d'entrée, observant l'arrivée des invités.

« Nous recherchons trois hommes d'une cinquantaine d'années, récapitula Alice à voix basse. L'un d'entre eux est grand, avec des lunettes et des cheveux gris-blanc. Les autres sont plus petits, ne portent pas de lunettes et ont les cheveux bruns grisonnants.

— Et si nous les apercevons, que sommes-nous supposées faire ? interrogea Bess, un peu désarçonnée.

— Les suivre à la trace pendant toute la durée des festivités, rétorqua la jeune détective. Patti répond d'eux, mais on n'est jamais trop... »

Elle s'interrompit brutalement, car elle venait de reconnaître un des visages qu'elle avait vus sur la photo.

« Ce doit être Lars Johansson », indiqua-t-elle à ses amies.

Peu après, les deux autres individus

franchirent le pas de la porte, se mêlant au flot des invités qui convergeaient vers la chapelle.

« Ils sont tous là », se félicita la jeune détective.

Mais Marion, à ses côtés, ne paraissait pas aussi satisfaite.

« Je te rappelle que notre rôle consiste à aider Daphné dans la cuisine. Je ne vois pas comment nous allons pouvoir surveiller ces trois personnes jusqu'à la cérémonie…

— C'est le hic, en effet, admit son amie. Nous essaierons de nous éclipser de la cuisine de temps à autre pour jeter un œil dans la chapelle… Vous deux, allez déjà prendre votre poste. Je vous rejoindrai après avoir inspecté les lieux une dernière fois.

— À t'entendre, remarqua Bess inquiète, on croirait que tu t'attends à une nouvelle catastrophe.

— Mes craintes se révéleront peut-être sans fondement, concéda Alice. Avec un peu de chance, tout se déroulera le mieux du monde et aucune ombre ne viendra ternir le mariage de Patti et Tony. »

Tandis que les cousines s'éloignaient vers la cuisine, Alice visita attentivement toutes les pièces du manoir. Ne décelant aucun détail suspect, elle décida de faire un point avec Rafe. Il fallait qu'elle lui parle des figurines mutilées et du message de menace. En outre, elle souhaitait utiliser son téléphone pour contacter la police, afin de l'avertir des derniers incidents et de leur possible connexion avec Kevin et Mme Sayer.

Elle trouva le vigile dans son bureau, à l'entresol, tournant le dos à la porte.

« Bonjour, Rafe, lança-t-elle. De nouveaux problèmes se profilent à l'horizon, apparemment… Je voulais vous en informer. »

Comme l'homme ne réagissait pas, elle reprit d'une voix plus forte :

« Rafe ? »

Lorsqu'il pivota sur sa chaise, Alice fut frappée par les cernes noirs creusés sous ses yeux et par son regard hagard. Il serrait entre ses doigts la photographie de sa fiancée.

« Vous… vous allez bien ? demanda la jeune fille, troublée par son comportement.

— Ça va, ça va…, finit par articuler le vigile avec un sourire abattu. Que se passe-t-il ? »

Alice fit quelques pas pour aller s'asseoir

sur une chaise pliante, placée à côté du bureau.

« C'est la mariée, expliqua-t-elle. On a délivré un colis anonyme chez elle ce matin. Une boîte blanche contenant des statuettes en plâtre représentant un couple de mariés décapités. Et il y avait aussi un message de menace qui disait… »

La jeune femme ne put terminer sa phrase. Sur la photographie que Rafe agrippait nerveusement, elle venait de reconnaître un visage familier. La fiancée de l'homme, prénommée Patricia selon ses affirmations, n'était autre que… Patti Fuentes !

Rafe, qui avait suivi le regard de son interlocutrice, ébaucha un sourire énigmatique.

« Elle est magnifique, n'est-ce pas ? murmura-t-il. La plus belle femme du monde, je le lui ai toujours déclaré. Dire qu'aujourd'hui, c'est notre mariage qui aurait dû être célébré… Mais elle m'a quitté pour ce Tony Vitale. »

Alice se força à regarder l'homme droit dans les yeux.

« Votre mariage ? » répéta-t-elle, incrédule.

Les prunelles bleu glacier du vigile

fixaient maintenant un point virtuel sur le mur, par-dessus l'épaule de la jeune fille.

« Oui, le nôtre. Elle ne va pas tarder à prendre conscience de l'erreur qu'elle a commise. Cela lui servira de leçon et, ensuite, elle me reviendra. »

La colère qui grondait dans sa voix, sa détermination vengeresse horrifièrent Alice. Soudain, le vigile lui apparut sous un nouveau jour : obsessionnel, mythomane et, surtout, probablement dangereux. C'était *lui* qui avait fait parvenir le paquet et le message de menace à Patti, *lui* qui avait égaré sa feuille de brouillon dans la salle de bal la veille. Et il semblait avoir ourdi un plan machiavélique pour empêcher le mariage de Patti et Tony…

L'esprit d'Alice tournait à trois mille tours-minute. Seule, pas question de tenter la moindre offensive contre Rafe. Elle avait beau être musclée et assez experte en arts martiaux, elle ne ferait pas le poids face au vigile qui, en outre, portait peut-être une arme. D'ailleurs, personne ne savait qu'elle était allée le rejoindre dans son bureau et, en cas de problème, elle ne pourrait compter que sur elle-même.

Inspirant une profonde bouffée d'air, la jeune détective afficha un large sourire.

« Je n'arrive pas à comprendre comment Patti a pu choisir Tony plutôt que vous, affirma-t-elle d'un ton plein de compassion. Voulez-vous que nous montions lui parler tout de suite ? Je vous servirai d'intermédiaire… »

Le visage de l'homme s'illumina, comme celui d'un enfant à qui on propose un tour de manège.

« Vraiment ? Vous feriez ça pour moi ?

— Avec plaisir », confirma-t-elle, reprenant elle aussi espoir de quitter cette pièce confinée et ce cerveau dérangé.

Elle se leva et approcha de la porte. « C'est tout de suite ou jamais ! » songea-t-elle en se préparant intérieurement à détaler.

Mais, alors qu'elle posait la main sur la poignée, elle sentit deux paumes puissantes s'abattre sur ses épaules. Rafe la plaqua contre le mur, avec une violence inouïe, et elle dut se mordre la lèvre pour ne pas crier de douleur.

« Je suis sincèrement désolé de vous infliger ce traitement, marmonna-t-il entre ses dents. Mais je ne peux pas prendre le risque de voir mon plan compromis. Vous me comprenez, n'est-ce pas ? »

Sans détourner d'elle son regard halluciné, il colla un linge humide sur la bouche et le nez d'Alice. Celle-ci tenta de se débattre, mais toutes ses forces l'abandonnaient. Elle sentit son esprit gagné par un épais brouillard et s'affala sur le sol.

14

Jusqu'à ce que la mort nous sépare…

Alice se réveilla au son d'une mélodie jouée à l'orgue. Encore tout étourdie, elle tenta de rassembler ses esprits. Rêvait-elle ? Où était-elle et pourquoi ?

Soudain, tout lui revint en mémoire. Rafe, la photographie de Patti, le chloroforme…

Rafe. Mue par une brusque poussée d'adrénaline, la jeune fille ouvrit les yeux et se redressa en position assise. Elle était seule. En regardant autour d'elle, elle constata qu'elle se trouvait dans une pièce inconnue, quelque part dans l'entresol du manoir. Les murs et les sols étaient en béton brut et l'unique éclairage provenait d'une minuscule lucarne en verre dépoli. L'air était moite et sentait le moisi.

Quand l'orgue se tut, Alice perçut de petits couinements tout proches ; l'instant d'après, un rat détalait sous ses yeux.

« Oh ! Mon Dieu... », s'écria-t-elle, cédant à la panique.

Elle se releva d'un bond, assaillie aussitôt par une vague de vertige assorti de nausée. En dépit de son état de faiblesse, elle se dirigea vers la porte, martelant le sol de ses talons afin de dissuader le rongeur de ressurgir ; malgré cela, elle vit encore deux autres rats traverser la pièce.

« Il faut absolument que je sorte d'ici au plus vite ! » murmura-t-elle nerveusement.

Naturellement, Rafe avait verrouillé la porte. Frustrée, la jeune fille fouilla dans ses poches, espérant y dénicher un objet pointu qui lui permettrait de débloquer le pêne. Sa pêche fut maigre : un élastique et une épingle de nourrice.

Elle essaya d'utiliser l'épingle, mais la tige de métal était trop fine pour la serrure. Alors, elle se pencha pour inspecter le sol, à la recherche d'un outil de fortune. Après de longues minutes, elle trouva un clou.

« Super ! se dit-elle en reprenant confiance. Ça devrait faire l'affaire… »

Tandis qu'elle travaillait le pêne à l'aide du clou, l'un des rats revint fureter autour de ses chevilles. Terrifiée, la jeune fille fit un bond en arrière. Puis, ôtant l'une de ses chaussures, elle la lança énergiquement vers la créature ; celle-ci couina affreusement, sans pour autant reculer.

Fixée par deux petits yeux noirs luisants, Alice luttait contre un atroce sentiment de dégoût. Rassemblant tout son courage, elle se concentra sur sa tâche de serrurerie. Enfin, un cliquetis significatif se fit entendre. Victoire ! Le pêne avait cédé…

Sans perdre une seconde, la jeune détective récupéra son soulier et se hâta de quitter cet endroit sordide, tout en prenant bien soin de refermer la porte derrière elle. Alors seulement, elle put reprendre son souffle et réfléchir à la situation. Le concert d'orgue avait cessé — ce qui laissait supposer que la cérémonie avait commencé dans la chapelle. « Mais où est Rafe ? s'interrogea-t-elle. Et en quoi peut bien consister son plan ? »

À pas de loup, elle se glissa jusqu'au bureau du vigile. Comme la porte n'était pas fermée, elle se plaqua contre le mur du couloir et hasarda un coup d'œil à l'intérieur. La pièce était vide.

Elle allait remonter au rez-de-chaussée lorsqu'elle se rappela que le bureau de Rafe disposait d'un téléphone. Il lui parut judicieux de profiter de cette opportunité pour contacter la police.

Mais, en décrochant le combiné, Alice ne parvint pas à obtenir la tonalité. Intriguée, elle renouvela plusieurs fois l'opération, sans plus de succès. La ligne était morte. Elle sentit un frisson glacé lui parcourir l'échine. En coupant le téléphone, Rafe avait isolé le manoir du reste du monde. La maison la plus proche se trouvait à plus de deux cents mètres de là.

Avisant le tiroir supérieur du bureau de Rafe, resté entrouvert, Alice prit l'initiative de l'ouvrir en grand ; dans le cadre de son enquête, tout indice pourrait se révéler important. Ce qu'elle y découvrit la laissa sans voix : il y avait là des dizaines de gros plans du visage de Patti, ainsi que plusieurs articles découpés dans des journaux. Alice en piocha un au hasard et lut le gros titre : *Un homme interrompt le mariage de son ex-petite amie et fait un carnage*. Puis elle en prit un autre : *Le fiancé repoussé règle ses comptes. Un mariage apocalyptique*.

Consternée, Alice remit un semblant d'ordre dans le tiroir, qu'elle claqua avec véhémence. Il n'y avait pas une seconde à perdre. Rafe s'apprêtait à commettre un crime terrible, et il fallait le neutraliser au plus vite.

Au pas de course, elle gravit l'escalier et se précipita dans la cuisine, où elle escomptait trouver Bess et Marion. À ce point de son enquête, il lui fallait d'urgence du renfort.

Elle tomba sur ses deux amies occupées à disposer les canapés sur de grands plateaux, tout en discutant joyeusement. Mandy et Daphné, pour leur part, épluchaient des pommes de terre.

« Alice ! s'exclama Bess en l'apercevant. Où avais-tu disparu ? On se préparait à envoyer une patrouille de recherche... »

L'air grave de son amie la frappa soudain.

« Mon Dieu... tu as une mine épouvantable. Que t'est-il arrivé ?

— Écoutez-moi : nous sommes confrontées à un gros — *très* gros — problème. J'ai découvert que Rafe est l'ancien petit ami de Patti. Il a la ferme intention de faire annuler le mariage et il ne reculera devant rien ; c'est un homme instable, pour ne pas dire plus, et extrêmement dangereux... »

Mandy parut bouleversée par la nouvelle.

« Rafe ? Notre vigile si dévoué ? Vous devez faire erreur !

— Il a bien caché son jeu, admit Alice. Moi aussi, j'ai cru qu'on pouvait avoir une entière confiance en lui. Mais j'ai changé d'avis quand il m'a exposé les méthodes qu'il comptait employer pour regagner l'amour de Patti... et, surtout, quand il m'a chloroformée !

— Chloroformée ? répéta Mandy consternée. Ma pauvre enfant... comment vous sentez-vous ?

— Ça va, j'ai eu le temps de récupérer. Mais il n'y a plus une seconde à perdre. Mandy, Daphné, pourriez-vous vous rendre chez l'un de vos voisins afin de téléphoner au commissariat ? La ligne du bureau de Rafe a été coupée, et je suppose qu'il en est de même pour tout le manoir. Bess et Marion, je vais avoir besoin de votre aide pour retrouver Rafe avant qu'il ne commette un terrible méfait.

— À vos ordres, chef ! » plaisanta Marion en dénouant son tablier.

Quand les sœurs Applebaum furent parties, les trois amies se concertèrent.

« Quel est ton plan d'attaque ? interrogea Marion.

— Il me paraît logique de commencer par la chapelle, exposa Alice tout en jetant des coups d'œil furtifs autour d'elle. Mais ouvrez grands vos yeux : Rafe peut se terrer n'importe où. »

Elles s'engagèrent dans le couloir ; Alice marquait un temps d'arrêt devant chaque embrasure de porte, afin de vérifier que le criminel en puissance ne s'y trouvait pas. Elle se demanda s'il ne valait pas mieux attendre l'arrivée des policiers pour les laisser prendre la direction des opérations. Mais elle se ravisa bien vite : les forces de l'ordre mettraient sans doute un certain temps à se présenter et, d'ici là, il serait peut-être déjà trop tard…

Lorsqu'elles arrivèrent devant la chapelle, Alice colla son oreille contre la cloison. Un timbre masculin lui parvint. Sans bruit, elle entrouvrit la porte ; Patti se tenait devant l'autel, au côté d'un grand jeune homme mince, aux cheveux noirs bouclés. L'officiant leur faisait face, récitant une prière. Les rayons du soleil jouaient avec les teintes vives des vitraux, et des vases débordant de lilas et de roses embaumaient l'air. Alice fut frappée par l'atmosphère paisible et recueillie de la scène.

Toutefois, n'oubliant pas sa mission, elle parcourut du regard l'assemblée des fidèles, cherchant à localiser Rafe. Mais la foule était si nombreuse que l'entreprise se révéla impossible. Intriguée par le nombre étonnamment élevé d'enfants en bas âge, la jeune fille se rappela soudain que la mariée dirigeait une crèche. Sans doute avait-elle invité tous ses petits pensionnaires à la cérémonie…

« Tu l'as repéré ? » murmura Marion à son oreille.

Alice secoua la tête.

« Si je voyais les visages des gens plutôt que leurs dos, ce serait déjà plus facile ! »

Le prêtre avait terminé sa lecture et, après un court silence, la célébration reprit son cours.

« L'union d'un homme et d'une femme qui s'aiment est le lien le plus fort qui puisse exister sur cette Terre. C'est une décision qui ne se prend pas à la légère…

— Il y a une porte de chaque côté de l'autel,

chuchota Bess. Tu pourrais peut-être réussir à te glisser discrètement…

— Des portes ? » releva Alice.

La jeune détective fronça les sourcils, saisie d'un sinistre pressentiment.

« Si quelqu'un, parmi vous, connaît une bonne raison pour s'opposer au mariage de cet homme et de cette femme, qu'il parle maintenant ou se taise à jamais », annonça l'officiant.

C'est alors que, dans un grand fracas, l'une des portes latérales de la chapelle s'ouvrit et Rafe s'avança d'un pas martial, le visage déformé par la haine.

« Je connais une bonne raison, intervint-il d'une voix forte.

— Mon Dieu ! s'exclama Alice. C'est lui… »

Patti jeta une œillade apeurée en direction de son ancien fiancé, puis s'agrippa au bras de Tony.

« Rafe ! s'écria-t-elle, d'une voix qui tremblait.

— Qui êtes-vous ? demanda Tony à l'intrus. De quel droit osez-vous interrompre ainsi notre mariage ?

— *Votre* mariage, hein ? ricana le vigile, en

fixant le jeune marié de son regard de dément. C'est ce que vous croyez ! Moi, je sais que ce n'est pas vous que Patti veut épouser… mais moi ! N'est-ce pas, ma chérie ?

— Que quelqu'un appelle le service de sécurité », lança nerveusement le prêtre.

L'un des enfants se mit à pleurer, bientôt imité par d'autres. Rafe se dirigeait maintenant vers Patti, et Tony s'interposa entre eux.

« Sortez immédiatement, ordonna le jeune homme en montrant les poings.

— Je ne partirai pas d'ici seul, riposta le vigile d'un ton menaçant. Patti va me suivre tout de suite. Si jamais elle refuse… (il plongea la main dans sa poche et en extirpa un petit dispositif en plastique), je vais faire sauter une bombe et vous périrez tous dans l'explosion ! »

15

Pour le meilleur et sans le pire

Des cris de terreur fusèrent de part et d'autre de la chapelle.

« Vite, il faut faire quelque chose ! » dit Marion d'un ton pressant.

Le poing tendu, Rafe menaçait l'assistance de son engin de mort.

« J'ai programmé une bombe que je peux actionner à tout instant grâce à ce détonateur à distance, affirma-t-il. Je compte bien la déclencher si Patti et vous ne vous montrez pas coopératifs. Suis-je assez clair ? »

Il survola la pièce de son regard vitreux, puis attrapa le bras de la mariée.

« Rafe, je t'en supplie ! Lâche-moi... », hurla celle-ci, succombant à la panique.

Tony avança la main pour libérer la jeune femme ; or, le vigile l'en dissuada en agitant sa télécommande.

« Un geste malheureux et c'est la mort assurée... pour vous comme pour tous ces hommes, ces femmes et ces enfants ! »

Le jeune marié hésita un instant mais, conscient du risque qu'il ferait courir à l'assemblée s'il insistait, finit par reculer, résigné. Avec un sourire triomphant, Rafe rempocha le détonateur.

Alice n'avait cessé de faire fonctionner ses petites cellules grises afin d'échafauder un plan.

« Où mènent ces portes latérales ? demanda-t-elle à Bess.

— Elles conduisent à un petit couloir derrière la chapelle, expliqua son amie. Il n'y a pas d'issue de ce côté-ci.

— La sortie la plus proche est donc la porte principale, conclut la jeune détective. Mon plan est le suivant : nous allons tendre une embuscade à Rafe...

— Une embuscade ? s'affola Bess. Mais, Alice, tu oublies qu'il a posé une bombe ! C'est le rôle de la police de l'arrêter...

— Oui, mais il a pris Patti en otage, argumenta Alice avec fougue. Si nous attendons les forces de l'ordre, le dénouement sera peut-être fatal. Voici ce que je vous propose… »

Dès qu'elle eut exposé les grandes lignes de sa stratégie, les trois amies s'élancèrent dans le couloir. En atteignant un petit salon proche de l'entrée principale du manoir, Alice pila net.

« Ici, indiqua-t-elle. Marion, tu te cacheras là ; toi, Bess, de l'autre côté. Quant à moi, je me posterai dans ce recoin. »

Chacune gagna le lieu qui lui avait été désigné. Alice consulta sa montre à plusieurs reprises, surprise de ne pas voir Rafe et Patti faire leur apparition.

Soudain, Marion attira son attention :

« Pssst ! Tu ne penses pas qu'ils auraient pu s'enfuir par une autre issue ?

— D'après moi, répondit la jeune détective à voix basse, il va chercher à s'éclipser le plus rapidement possible. Et la porte principale est la voie la plus directe. »

Songeuse, elle s'interrompit un instant, puis ajouta :

« Mais si je me suis trompée, nous sommes fichues. Rafe peut décider de déclencher sa bombe à tout instant, même une fois le seuil de la propriété franchi. »

Brusquement, elle crut distinguer des bruits de pas. Retenant son souffle, elle tendit l'oreille. Quelqu'un approchait, c'était certain. Elle entendit un bruissement de satin, puis reconnut la voix effarouchée de Patti :

« Ne me fais pas de mal, Rafe, je t'en supplie.

— Pourquoi te ferais-je mal, ma douce Patricia ? rétorqua l'homme avec un petit rire qui glaça le sang d'Alice. Tu seras bientôt ma femme… »

La jeune détective recula pour se fondre dans l'ombre de la porte et fit de grands gestes pour inviter les deux cousines à l'imiter. Les pas approchaient avec la régularité d'un métronome.

Quand les deux silhouettes passèrent à sa hauteur, Alice constata que Rafe ne tenait pas la télécommande dans sa main ; il devait l'avoir laissée au fond de sa poche… Aussitôt, elle donna l'ordre de l'assaut.

« Maintenant ! » murmura-t-elle à l'intention de Marion.

Les deux jeunes filles bondirent sur Rafe comme des diables sortis de leurs boîtes, et immobilisèrent ses bras. Prompte à réagir, Patti se libéra de l'étreinte de son agresseur et s'écarta pour laisser le champ libre.

« Bess ! hurla Alice. Fouille ses poches ! »

Le vigile avait une carrure d'athlète, et elle doutait que Marion et elle puissent le maîtriser bien longtemps.

« J'arrive, j'arrive… », répondit Bess, sortant à son tour de sa cachette.

Elle courut jusqu'à Rafe et retira de la poche de sa veste la fameuse télécommande, qu'elle brandit comme s'il s'agissait d'un brûlot.

« Vite ! Débarrassez-moi de ce truc ! Je ne veux pas risquer d'appuyer sur le mauvais bouton… »

Déconcentrées par cette intervention, Alice et Marion relâchèrent leur attention pendant une fraction de seconde ; le vigile en profita pour se dégager et, instantanément, détala en direction de la sortie.

« Il va s'échapper ! » cria Patti.

Mais Rafe avait compté sans la vélocité et la force musculaire d'Alice. Elle s'élança à sa poursuite et, par un plongeon spectaculaire, le ceintura et le plaqua à terre. Avec la rapidité de l'éclair, elle réussit à l'immobiliser, les bras en croix derrière le dos.

Marion, Bess et Patti la rejoignirent aussitôt. Marion s'agenouilla à côté de son amie.

« Tu n'es pas blessée ?

— Tout va bien, la rassura Alice. Où est le détonateur ? »

Bess le lui tendit du bout des doigts.

« Il est toujours en ma possession, annonça-t-elle d'un air maussade. Avec tout ce remue-ménage, c'est un miracle que rien n'ait encore explosé... »

Sa cousine observa l'objet avec curiosité.

« C'est bizarre... Ça ressemble vraiment à une calculette. »

Tournant la tête, Alice examina à son tour la télécommande.

« Mais... c'est bel et bien une calculatrice ! remarqua-t-elle stupéfaite. Rafe, avouez-nous la vérité... Vous n'avez pas posé la moindre bombe, n'est-ce pas ?

— Laissez-moi tranquille, grommela l'homme. Patricia, ma chérie... s'il te plaît, intime-leur de me libérer. »

Patti le considéra d'un air de défi.

« Tu as perdu la raison, Rafe. Tu as gâché mon mariage, terrorisé ma famille et mes amis... Tout ce que je souhaite, c'est de te savoir en prison, hors d'état de nuire ! »

À cet instant, la porte d'entrée s'ouvrit brutalement, et plusieurs policiers en uniforme se précipitèrent vers le petit groupe.

« Vous arrivez à point nommé, déclara Bess.

— Si l'on peut dire…, corrigea sa cousine. Dans l'idéal, il aurait fallu intervenir une demi-heure plus tôt, avant l'interruption de la cérémonie religieuse… »

« Je ne sais pas comment vous manifester ma gratitude, confia Patti aux trois amies réunies autour d'une table sur la pelouse. Sans vous, mon mariage avec Tony aurait été définitivement compromis. »

Après l'orage, tout avait fini par rentrer dans l'ordre. Un orchestre de country music jouait de vieux airs folkloriques et plusieurs couples dansaient paisiblement. Non loin de là, une bande d'enfants se défoulaient, courant et riant joyeusement.

Tandis que les policiers emmenaient Rafe, Patti était retournée dans la chapelle, pour se jeter dans les bras de Tony, en larmes. La célébration avait repris et, maintenant, la réception battait son plein et le terrible incident paraissait oublié.

Alice approcha de ses narines un petit vase

chargé de branches de lilas, dont elle huma le délicieux parfum.

« Si seulement j'avais pu intercepter Rafe avant qu'il s'en prenne à vous..., soupira la jeune détective en s'adressant à Patti. Mais je l'ai soupçonné seulement après avoir vu votre photographie dans son bureau. Hélas ! c'était déjà trop tard... »

Bess trempa une crevette dans la sauce cocktail, puis enfourna sa bouchée avec délectation.

« Un régal ! s'extasia-t-elle. Et quasiment pas de calories... »

Puis la gourmande se tourna vers la jeune mariée.

« Pardonnez ma curiosité, mais... comment avez-vous rencontré Rafe ? À priori, il n'a pas l'air d'être vraiment... euh... votre type d'homme.

— Il habitait la même rue que moi, raconta Patti. Il y a un an et demi environ, il m'a proposé de sortir avec lui ; moi, j'ai accepté, surtout parce que je me sentais très seule à l'époque et qu'il me paraissait sympathique. Mais, après deux ou trois rendez-vous, j'ai pris mes distances. Je me suis rendu compte qu'il était trop... empressé.

— Mais lui, poursuivit Marion, est resté très attaché à vous. »

Le visage de Patti se rembrunit.

« C'est probable, acquiesça-t-elle. Quand nous avons cessé de nous voir, il a continué à me téléphoner régulièrement. À plusieurs reprises, j'ai même eu l'impression qu'il me suivait dans la rue… Mais je me suis raisonnée, me disant que ce devait être le fruit de mon imagination, et j'ai chassé toute cette affaire de mon esprit. »

La jeune femme esquissa un sourire amer.

« Maintenant, je comprends que j'aurais dû me méfier davantage.

— J'ai trouvé dans son bureau des dizaines de gros plans de vous, indiqua Alice. Est-ce lui qui les a pris ? »

Patti hocha la tête.

« Il a prétendu qu'il suivait des cours de photographie à l'université et m'a demandé de lui servir de modèle. Avec le recul, je suis sûre qu'il m'a menti. Il cherchait seulement à accumuler des photos de moi pour sa collection personnelle.

— Brrr… Ça me fait froid dans le dos », estima Bess, en piquant une énième crevette dans le plat.

Tony s'approcha de la table et se pencha pour enlacer sa jeune femme.

« Madame Vitale..., fit-il tendrement, accorderiez-vous une danse à votre tout nouvel époux ? »

Patti lui offrit son sourire le plus radieux.

« Avec plaisir, monsieur Vitale... »

Tony s'adressa alors à Alice et ses deux cousines.

« Je ne vous remercierai jamais assez pour ce que vous avez fait, déclara-t-il avec chaleur.

— Oh ! ce n'est rien, répondit Bess, en agitant sa fourchette garnie d'une crevette. Nous menons ce genre d'enquêtes à longueur d'année... »

Ébahie, Marion dévisagea sa cousine.

« C'est toi qui dis cela ? On croit rêver... »

Haussant les épaules, Bess engloutit sa crevette et la mâcha consciencieusement.

« Je suis heureuse que tout se soit bien terminé, dit Alice en souriant aux jeunes mariés. Au fait, où partez-vous pour votre voyage de noces ?

— À Cancun, au Mexique, répliqua Patti, tout excitée. Moi qui n'ai jamais quitté les États-Unis... je meurs d'impatience ! »

Le jeune couple les salua et s'éloigna, main dans la main.

« Ils se marièrent et eurent beaucoup d'enfants... », chuchota Bess d'une voix rêveuse, en contemplant cette image de l'amour parfait.

Puis, s'adressant à Alice et Marion, elle ajouta :

« Après cette cérémonie, je ne sais plus où j'en suis avec mon propre mariage... Vous vous souvenez, je comptais choisir un thème international. Maintenant, je penche plutôt pour une mise en scène à la Cendrillon : une somptueuse robe de bal, des pantoufles de vair, un carrosse et, pourquoi pas ? un repas entier composé à base de citrouille... »

Marion leva les yeux au ciel.

« Avant de planifier tout ce décorum, ne crois-tu pas qu'il faudrait d'abord que tu rencontres quelqu'un qui accepte de t'épouser ? »

La querelle des deux cousines fit éclater de rire Alice.

« La lutte insoluble du romantisme et de la logique... Mais, en attendant, il nous reste encore du travail, n'est-ce pas ?

— Du travail ? s'indigna Bess. Pas de gros

mot, s'il te plaît ! Nous en avons assez fait pour aujourd'hui, tu ne trouves pas ? »

Apercevant Mandy qui approchait à grands pas, la jeune fille changea radicalement de discours :

« Allons, au travail tout le monde ! On ne vous paie pas pour vous régaler aux frais de la princesse… »

Interloquées, Alice et Marion échangèrent un clin d'œil complice. Bess ne changerait jamais…

Mandy se laissa choir sur la chaise laissée vacante par Patti.

« Ouf ! soupira-t-elle. Ce week-end m'a achevée… Rien ne nous a été épargné : fantômes, saboteurs, voleurs… et, maintenant, un ex-fiancé psychopathe ! Je me demande si je suis vraiment faite pour ce métier. Tant d'émotions coup sur coup, c'est mauvais pour ma tension !

— Il faut reconnaître que ces deux jours ont été particulièrement éprouvants, rétorqua Marion.

— Les petites catastrophes, c'est de mon ressort, renchérit Mandy. Mais les gros désastres, ça me dépasse. Cela dit, maintenant que Kevin, Grace Sayer et Rafe sont sous les verrous, je devrais pouvoir enfin travailler tranquillement.

— Absolument, confirma Bess avec bonne humeur. Désormais, tout va rouler comme sur des roulettes ! »

À cet instant, Daphné fit irruption. Elle était rouge pivoine et complètement essoufflée.

« Mauvaise nouvelle, annonça-t-elle. Il y a eu un accident. »

Mandy blêmit instantanément.

« Un accident ? Explique-toi… »

Sa sœur cadette détourna les yeux, apparemment très gênée.

« Voilà… J'ai… euh… j'ai malencontreusement renversé un flacon de poivre sur la pièce montée. »

Alice, Bess et Marion échangèrent un regard mi-confus mi-amusé.

« Qui prétendait que tout irait comme sur des roulettes ? » lança Alice en éclatant de rire.

TABLE

IMPRIMÉ EN FRANCE PAR HÉRISSEY
Dépôt légal imprimeur : 80672 – Éditeur : 9434
20-07-9817- 6/01 – ISBN : 2-01-209817-7

Loi n° 49-956 du 16 juillet 1949 sur les publications destinées à la jeunesse.
Dépôt légal : juin 1998.